T0058279

LA EMOCIONANTE AVENTURA DE LA SANTIDAD

DIFERENTE

LUCAS LEYS

La misión de Editorial Vida es ser la compañía líder en satisfacer las necesidades de las personas con recursos cuyo contenido glorifique al Señor Jesucristo y promueva principios bíblicos.

DIFERENTE
Edición en español publicada por
Editorial Vida, 2015
Nashville, Tennessee

© 2015 por Lucas Leys

Edición: *María Gallardo*
Diseño interior: *CREATOR studio.net*

A menos que se indique lo contrario, todas las citas bíblicas han sido tomadas de La Santa Biblia, Nueva Versión Internacional® NVI® © 1986, 1999, 2015 por Bíblica, Inc.® Usada con permiso. Todos los derechos reservados mundialmente.

Todos los derechos reservados. Ninguna porción de este liro podrá ser reproducida, almacenada en algún sistema de recuperación, o transmitida en cualquier forma o por cualquier medio —mecánicos, fotocopias, grabación u otro—, excepto por citas breves en revistas impresas, sin la autorización previa por escrito de la editorial.

ISBN: 978-0-8297-6605-9

CATEGORÍA: Ministerio Cristiano/Juventud
          Christian Ministry/Youth

Impreso en Estados Unidos de América
Printed in the United States of America

17 18 19 20 21 LSC 6 5 4 3 2

Un cambio se avecina. Se percibe en las vigilias de la noche, se siente en el aire, se lee entre líneas... Este cambio es la renovación de nuestra manera de interpretar y vivir la fe. Es un cambio que aunque urge, no puede ser forzado, aunque si puede ser dirigido, y la historia ha probado que una de las mejores maneras de dirigirlo es a través de los párrafos de uno de esos libros que provocan transformación. Así es este este libro de mi amigo Lucas Leys.

«Diferente» es una invitación a reinterpretar la santidad de una manera bíblica e inteligente. A través de cada capítulo Lucas revive para una generación nueva el tema de la santidad, llevándolo de ser una práctica austera e imposible de alcanzar a ser una emocionante aventura. Este libro dice justo lo que la iglesia necesita escuchar hoy. Literalmente. ¡Enhorabuena Lucas!

Jesús Adrián Romero
Pastor en Monterrey, México. Músico y compositor.

Recomiendo este libro con mucho entusiasmo a todos los jóvenes que quieren ser diferentes pero también a todo líder que quiere tratar el tema de la santidad con claridad. Lucas Leys ha dedicado su vida a especializarse en temas que abordan los conflictos de la juventud y en este libro nos ilustra del verdadero significado de la santidad, el cual es - en esencia - ser «Diferente». Los cristianos, por naturaleza, debemos ser distintos; cuando pasamos tiempo con Jesús, la forma de pensar y de vivir cambian. Cosas que antes pensabas o hacías, comienzas a verlas de otra manera. Aun las que pensabas que eran buenas, te das cuenta que pueden ser mejores. Eso es lo que logra este libro; no solo te lleva de malo a bueno sino de bueno a mejor.

Robert Barriger
Pastor Principal, Camino de Vida. Lima, Perú

Estas páginas emocionan. Me parece espectacular que alguien haya escrito un libro como este a la nueva generación y no se me ocurre alguien mejor que Lucas Leys, un hombre contemporáneo y tan claro al pensar y hablar, para hacerlo. Muchos creen que la santidad es aburrida y que los cristianos somos irrelevantes para la sociedad, pero este libro prueba que la santidad es audaz, sabia y hasta divertida. ¡Qué bueno que alguien destaque con tanta claridad e inteligencia que los cristianos podemos ser la gente más feliz de la tierra!

Andrés Corson
Pastor de la iglesia Su Presencia en Bogotá, Colombia.

DIFERENTE

¿Quién no ha anhelado una vida extraordinaria y distinta? Lo interesante es que esa vida existe y se alcanza a través de la santidad. Una vida libre de las toxinas emocionales que parecieran ser la norma de nuestra sociedad y cargada de grandes satisfacciones pues nos alinea a la dirección divina para la cual fuimos diseñados.

En este libro el Doctor Lucas Leys explica la santidad desde un punto de vista bíblico, vivencial y práctico y no tengo dudas que leerlo ayudará al lector a disfrutar una vida saturada del gozo que solo se obtiene a través de ella. Sencillamente brillante.

Ruddy Gracia
Pastor de la iglesia Segadores de Vida Florida.
Conferencista internacional

¡Doy gracias a Dios que Lucas se atrevió a escribir este libro! La santidad es una de las cualidades cristianas menos entendidas y más necesitadas en esta generación. «Diferente» es un libro práctico y balanceado que toma conceptos profundos y los explica de manera sencilla para que todo el que lo lea pueda entender de qué se trata la verdadera santidad y pueda empezar a vivir una vida de mayor trascendencia. Me encanta que Lucas nos ayuda a enfocarnos en hacer lo correcto más que en cuidarnos de hacer lo incorrecto. Este libro debe ser leído por el que quiera lograr su mayor potencial en la vida y sobre todo, en su relación con Dios.

Andrés Spyker
Pastor de la Iglesia Más Vida en Morelia, México.
Conferencista internacional.

Este libro sí que nos lleva a pensar, reflexionar y nos equipa para reflejar el carácter de Jesús aquí y ahora.«Diferente» es un gran desafío para una generación de cristianos que entendemos que algo debe hacerse para afectar con los valores de Dios esta sociedad en la cual vivimos.

En estas páginas Lucas trata con claridad y mucha creatividad conceptos como la santidad, la fe, la duda, la meditación y las tentaciones y estoy seguro que leerlas será un gran aporte para tu vida y te impulsará a tomar la decisión de ser: «Diferente».
Gracias Lucas por este valioso trabajo.

Sergio Belart
Pastor de Cita con la Vida en Córdoba, Argentina.
Autor y conferencista.

Quién mejor que Lucas Leys para cambiar la perspectiva preconcebida de lo que se piensa que es la Santidad. Lucas es una mezcla curiosa entre alguien osado y poco amigo de las reglas, una persona con un testimonio impecable y un intelectual que habla con precisión y tiene fundamentos profundos de por qué escribe lo que escribe. En este libro aborda el tema de la santidad en una forma desafiante e introspectiva pero a la vez pragmática: "La Santidad se trata de ser «Diferente» entendiendo el diseño de Dios detrás de nuestras personalidades y circunstancias." ¡Que buen momento para que Lucas aborde este tema nada popular pero tan necesario!

Gloria Vazquez
Conferencista internacional. Escritora.

¡Cristianos de todas las generaciones deberían leer este libro! Lo que Lucas escribe en estas páginas es un auténtico reto para cualquiera de nosotros. Es tiempo de dejar de percibir nuestra fe como un escudo protector contra los ataques del mundo, y comenzar a entenderla como el instrumento más poderoso de la historia, diseñado para modificar agresivamente nuestro hábitat.

Marcos Vidal
Pastor de la Iglesia Salem en Madrid, España. Compositor.

Este es un libro para quienes persiguen:

Ver con claridad.
Escuchar con sabiduría.
Decidir con amor.
Actuar con pasión.
E incluso,
equivocarse con libertad.

ÍNDICE:

AGRADECIMIENTOS

A Dios. Por darme tantas razones para seguirlo, tenerme tanta paciencia, brindarme tantas oportunidades, otorgarme tantos regalos y tener tanto humor conmigo.

A mi novia, el amor de mi vida, mi bella Valeria. Por saber siempre cuándo y cómo decirme lo que necesito escuchar. Gracias por hacerme mirar al cielo cuando estoy demasiado ocupado con el suelo.

Al equipo editorial de Especialidades Juveniles y Editorial Vida, en especial a Maria Gallardo y Martin Piñeyro y todos los que conforman la gran familia de Especialidades en el mundo.

A todos los amigos que leyeron conmigo lo que iba escribiendo y enriquecieron mis ideas con las suyas. Siempre se trabaja mejor en equipo. GRACIAS.

EL MANIFIESTO

Este libro es un ruego. Mi objetivo es persuadirte a entender que hay una oportunidad para ti que no puedes desperdiciar: la posibilidad de disfrutar una vida mejor. No por hacer algo fácil que serás entrenado para hacer. Ni tampoco por algo que alguien desde el cielo hará por ti.

Al fin y al cabo, tú eres la única persona responsable por tu propia vida. Lo que heredaste es responsabilidad de tus padres, y lo que ya viviste tal vez haya sido el resultado de tu inexperiencia. Dios ha trabajado en las condiciones del terreno de tus decisiones, pero esta es la hora de apropiarte de tus elecciones.

Todo comienza con una decisión, y es mi más profundo deseo que tomes esta decisión, una y otra vez. Ser «diferente». Ser quien Dios te diseñó para ser. Disfrutar de la emociónate aventura de la santidad.

La sociedad te está esperando. La iglesia te necesita. Tu futuro lo necesita. Yo te necesito.

LUCAS LEYS

TEASER

Ser normal está pasado de moda. Y además, ¿quién es normal? Quizás haya muchas personas comunes. Parecidas. Casi iguales. Pero no hay dos personas idénticas. Por eso es una lástima cuando algunos pretenden verse, vestirse, peinarse, hablar y pensar igual a otros.

Dios nos hizo a todos distintos, y por eso, ser diferente es una manera de honrar a Dios por su diseño.

Hoy somos más de siete mil millones de seres humanos respirando sobre este planeta, y sin embargo, nadie tiene tus mismas huellas digitales, y nadie tiene el mismo iris en sus ojos. ¿Por qué, entonces, hacer las cosas como los demás?

Mientras escribo estas palabras me encuentro en un café de la ciudad de Panamá, y tan solo mi amada Valeria sabe dónde estoy. Me retiré para dedicarme a este libro. Me tomé unas pequeñas vacaciones para escapar de lo normal y provocarme a escribir... diferente. Hace unos años aprendí que es muy difícil trabajar en algo extraordinario sin tomarse una pausa

> **ES MUY DIFÍCIL TRABAJAR EN ALGO EXTRAORDINARIO SIN TOMARSE UNA PAUSA DE LO ORDINARIO**

de lo ordinario. Hace falta pensar en respirar, y no tan solamente respirar sin pensar, para inhalar el oxígeno hasta lo más vasto de nuestros pulmones. No podemos dejarnos llevar por la inercia. El tedioso poder de lo ordinario seduce y luego esclaviza nuestros sentidos hasta entumecerlos y anestesiarlos. Y de ese modo logra hacernos menos receptivos a lo asombroso y maravilloso que es estar vivos y tener las posibilidades que tenemos.

Lo que es común nos engaña con una sensación superficial de pertenencia y comodidad, y mediante este elixir adormecedor nos priva de la oportunidad de vivir extasiados con la vida, disfrutando de ser quienes somos, y dejando en el mundo las marcas que solo nuestros dedos y nuestros ojos pueden dejar.

¿Has experimentado alguna vez el anhelo de ser especial?

Te tengo noticias estupendas: Lo eres.

Quien no quiere que disfrutes de ser como Dios te ha diseñado, ni dejes tu marca única en el mundo, es el mal escondido en una sociedad de consumo que funciona como una siniestra máquina ensambladora de clones. El diablo no lo sabe todo, y por eso le gusta lo previsible, lo que puede anticipar. Si todos actuamos de la misma manera, haciendo lo que todos los demás hacen, el diablo tiene una tarde fácil. Pero si alguien se detiene para hacer una diferencia positiva, si alguien hace una pausa y se propone quebrar el hábito de intentar agradar a todos, ser diferente y vivir según el plan de Dios, eso definitivamente hace sonar las alarmas del infierno.

REFLEJOS

Unos minutos antes de escribir estas palabras, me encontraba sentado en una escalinata en medio de dos torres de más de 50 pisos de altura hasta que un guardia me vino a preguntar qué hacía. Le respondí, sonriendo, que miraba cómo el cielo se paseaba por encima de ambas construcciones haciéndolas cambiar de color. Me miró extrañado, y luego secamente me indicó que no podía quedarme allí.

Lo que me provocó a observar estas torres era que estas dos construcciones, que a simple vista eran iguales, estaban reflejando la luz de maneras muy distintas y con colores muy diferentes. Como llegué hasta la escalinata sin mirar hacia arriba, pensé que ambos edificios eran uno solo. Las dos explanadas de entrada eran prácticamente iguales, y por eso concluí que era un solo edificio, que en todo caso tenía dos torres similares. Pero luego de que el guardia me echara, al cruzar la calle y sentarme en el café de enfrente, noté que no. Eran dos edificios recubiertos en vidrios similares, y al mirarlos desde abajo podían parecer muy semejantes. Sin embargo ahora, mirándolos con una perspectiva más completa, no solo podía notar sus diferencias sino cómo la posición de cada uno incidía en el tipo de reflejo que daban.

¿No es eso lo que pasa con millones de vidas? Todos somos parecidos, y desde la perspectiva humana podemos creer que todos somos iguales. Pero si nos vemos desde la perspectiva de Dios, entonces podemos distinguir mejor cuántos pequeños detalles nos hacen especiales.

Nadie en esta tierra ha tenido las mismas historias, oportunidades, y relaciones humanas que tú. Y por eso nadie puede reflejar la luz del cielo en esas historias, oportunidades, y relaciones como tú. Eso es lo que no entendieron los fariseos al escucharlo a Jesús. Ellos pretendían una santidad de «absolutos», una santidad juzgable desde el exterior a través de las acciones. Sin embargo, Jesús le agregó a esa dimensión otra nueva. La de una santidad de «relativos», derivados desde el interior, de las intenciones. ¿Es esto peligroso? ¡Claro! Es peligroso para quienes quieren ponerle puntaje a los pecados, y creen que la santidad es una larga lista de cosas que no se deben hacer; O también puede ser peligroso para quienes no entienden lo maravilloso de seguir el plan de Dios para nuestras vidas, y simplemente están buscando excusas para ceder a sus tentaciones.

Luego de leer el párrafo anterior seguramente alguien va a preguntarme: ¿Quiere esto decir que no creo en los absolutos morales? Claro que creo en los absolutos morales, pero, ¿son nuestros absolutos los mismos que los del Dios absoluto, o son simplemente inventos y cargas relativos a nuestra cultura o circunstancias? ¿Estamos seguros de que Dios nos juzga de la misma manera en que nosotros nos juzgamos?

Quizás estos diagramas nos sirvan para entendernos mejor. Llamemos a este primer diagrama: «La variable de las conductas»

Las personas 1 y 2 son quienes aparentemente están más cerca de la cruz, y te propongo suponer que estas personas no tienen vicios, no acostumbran a decir groserías, y probablemente son parte del ministerio de alabanza de su iglesia.

Obviamente las personas 3 y 4 están más lejos de la cruz, y eso podría significar que estas personas no se portan de manera tan intachable como 1 y 2, y no tienen una posición de liderazgo en su iglesia.

Pero ahora agreguemos una segunda dimensión, a la que llamaremos: «La variable de las intenciones»

Ahora la flecha que sale del corazón de estas personas indica la dirección de sus corazones.

Vemos que 1 y 2 aparentemente estaban más cerca de la cruz, pero el corazón de 1 está apuntado en dirección opuesta a la cruz. Por su parte, 3 y 4 estaban más lejos, pero aunque el corazón de 3 también está apuntado en dirección opuesta a la cruz, el corazón de 4 está apuntado directamente hacia ella.

¿Qué quiere decir?

Desde esta nueva perspectiva, 1 y 3 están apuntando sus intenciones en dirección opuesta a la cruz, y en cambio 2 y 4 sí están intentando acercase todavía más a la cruz.

Es decir que desde el punto de vista de la conducta exterior, 1 y 2 son los más «santos», y 3 y 4 los que más luchan con el pecado. Pero desde el punto de vista de las intenciones del corazón, 2 y 4 son los más santos, y 1 y 3 los que no tienen tanto interés en agradar a Dios.

Siendo más explícitos: Puede que el Joven 1 no tenga problemas con el alcohol ni la pornografía simplemente porque no le interesan, y puede que sea parte del grupo de alabanza solo porque le gusta cantar y porque nació en un hogar cristiano. Quizás incluso haga esas cosas, no por

> **NO HAY MANERA MÁS COMPLETA DE VIVIR QUE ENFOCADOS EN CRISTO.**

convicción y amor a Dios, sino por temor a las represalias de sus padres o «al qué dirán» de sus amistades.

La joven 4, en cambio, tal vez tenga un pasado tormentoso y puede que todavía esté luchando con las consecuencias de sus malas decisiones anteriores. Pero en su corazón tiene el vivo deseo de amar a Jesús y vivir para él.

¿Sigues creyendo que nosotros evaluamos la realidad igual que como la evalúa Dios? ¿Estamos en serio en condición de hacerlo?

Es por estas dos dimensiones que me fascinan tanto los evangelios. En ellos podemos vernos representados tanto en el papel de los pecadores como en el papel de los fariseos. Si somos sinceros, todos hemos sido tanto unos como otros. Todos hemos sido o seremos la persona 1, y todos hemos sido o seremos la persona 4. Es por eso que este libro tiene el propósito de recordarte que la santidad no se trata solamente de cómo nos portamos, sino de hacia dónde apunta nuestro corazón.

EL ANTÍDOTO CONTRA «COMÚN»

Si confiamos en el Señor y en su revelación, tendremos claro que no hay manera más completa de vivir que enfocados en Cristo. Él es el paradigma y el modelo de una persona completa y especial, y por eso el apóstol Pedro cita lo escrito en el libro de Levítico cuando dice que debemos ser santos como Él es santo (1 Pedro 1.16).

La verdadera santidad es peligrosa para el egoísmo, es una asesina para la hipocresía, y es el más poderoso antídoto contra la falta de originalidad.

¡Ser santos se trata de ser diferentes! De entender el diseño divino detrás de nuestras personalidades y circunstancias. De disfrutar la emocionante aventura de hacer la voluntad de Dios para nuestras vidas y abrazar el precioso propósito de nuestro destino.

Dios no se equivocó al hacerte diferente. Al contrario. Dios te hizo diferente para que puedas regalarle al mundo una mirada que nadie más tiene y puedas dejar una marca con tus manos que nadie más puede dejar.

Dios te ama tal cual eres, pero se resiste a dejarte tal como estás. Él desea que llegues a asombrarte de lo que Él puede hacer con tu vida si confías en sus planes por encima de las expectativas que otros tienen para ti.

¿Por qué, siendo especial, vas a vivir una vida común?

Ya te habrás dado cuenta, este es un libro para rebeldes.

¿BUENOS?

LA GRANDEZA
NO SE ENSEÑA
NI SE ADQUIERE:
ES LA EXPRESIÓN
DEL ESPÍRITU DE
UN HOMBRE QUE
ENTIENDE QUE
FUE HECHO POR DIOS.

-JOHN RUSKIN

Nuestros padres firmaron un contrato, al igual que lo hicieron sus padres y este contrato es parte de una conspiración multigeneracional diseñada para crear una gran fábrica llamada la «sociedad de consumo».

El contrato dice así: La fábrica elabora herramientas, productos y servicios, y para hacerlo necesita trabajadores. Si aprendes bien las instrucciones en el colegio, eres puntual y te esfuerzas, la fábrica va a pagar tu sueldo, vas a poder tener cosas que te hagan sentir importante y tu futuro estará asegurado.

El contrato parece ser bueno. De hecho, ha funcionado bien para muchos, y después de siglos de nobles y plebeyos, dio origen a lo que llamamos «la clase media».

Sin embargo, este sistema de pensamiento, esta cosmovisión, también afectó a la iglesia. Con el surgimiento de la clase media, la iglesia también aprendió a fabricar algo nuevo y más equilibrado: los «cristianos buenos».

En los siglos anteriores, en la iglesia primitiva (así como en la sociedad de su época) solo existían extremos. Nadie pensaba en gente «buena» al pensar en los cristianos del primer siglo. Ellos no eran identificados por ir a un templo el fin de semana y tener un libro bajo el brazo. Por un lado estaban los más desdichados que necesitaban desesperadamente la misericordia y la ayuda de alguien y solo la encontraban en la Iglesia, y por el otro estaban los salvajes discípulos, dispuestos a abrazar a estos discriminados y dar sus vidas por la causa de Cristo sin importar amenazas, persecuciones, fuego, cruces y leones.

Por eso en el libro de los Hechos de los Apóstoles leemos que cuando Pablo y Silas llegaron a Tesalónica, el comentario de la gente fue «*¡Estos que han trastornado el mundo entero han venido también acá!*» (Hechos 17.6). Los cristianos de la iglesia primitiva eran conocidos como alborotadores ¿Por qué? Porque tenían el corazón alborotado por el máximo alborotador que haya caminado jamás por esta tierra, y que ha logrado que por veinte siglos se sigan alborotando las personas. Jesús.

LA GRAN REBELIÓN

Necesitamos refrescarnos la memoria. La vida cristiana real, genuina, nunca se redujo a «portarse bien». De hecho, yo creo que la verdadera vida cristiana tiene más que ver con portarse mal que con portarse bien. Tiene más que ver con ser diferentes que con ser iguales. En un mundo pecaminoso, los santos se distinguen, porque los cristianos espirituales no obedecen los valores de este mundo. Ellas y ellos se rebelan. Son esas personas que donde hay egoísmo, practican la generosidad. Donde hay violencia, aplican la paz. Donde hay desgano, contagian pasión. Donde hay discriminación, promueven la gracia. Y donde hay temor, actúan con una confianza que llena de asombro.

Los santos pueden caminar entre el caos y crear orden. Están lo suficientemente cerca del creador como para, con una creatividad sorprendente, hacer que las cosas sucedan. Están tan bien conectados con su interior y con su diseño particular que se pueden reír de sí mismos. No necesitan halagos para esforzarse, y pueden hacer lo que es correcto aunque nadie los esté mirando.

EL FIN DE LA FÁBULA

El «contrato social» que firmaron las últimas generaciones ha sido una gran fábula diseñada para crear personas complacientes y con un temor irracional respecto a ser distintos o impopulares. Esta fábula ha adoctrinado a la gente y ha diseminado una marcada paranoia respecto al «fracaso», el cual en muchos casos se define simplemente como no ser exitosos en funcionar bien dentro de este sistema de obediencia social.

Lo que es curioso es que aunque no muchos se den cuenta que funcionan dentro de este «contrato» y todavía seamos pocos los que queremos rebelarnos, estas mentiras están cayendo solas. Esta cosmovisión se está desmoronando ante nuestros ojos. Los burócratas, reglamentistas, lectores de instrucciones y trabajadores asustados o mediocres, están perdiendo cualquier seguri-

LOS SANTOS PUEDEN CAMINAR ENTRE EL CAOS Y CREAR ORDEN.

dad que podía antes darles el sistema. La creciente hipercompetitividad, facilitada por un mundo interconectado como nunca antes, ya no soporta el modelo de la fábrica. El viejo sistema se cae, y quienes no se destaquen (no por ser mejores en lo mismo, sino por ser diferentes) van a ser las primeras víctimas de los cambios.

En el mundo empresarial, las personas y compañías que hoy se queden haciendo siempre lo mismo y de la misma forma, intentando no cambiar nada para no arriesgar nada, sin contratar «artistas» que sepan crear productos diferentes y memorables, más pronto que nunca estarán en vías de extinción.

Y ya anticipando esto porque sabía que no solo es cultura sino naturaleza humana es que el apóstol Pablo, en su poderosa carta a los Romanos, nos llama a los cristianos a la rebelión. A una insurgencia que, contrario a lo que nos han adoctrinado, es la única garantía de éxito real y seguro.

Léelo como quizás nunca lo leíste antes:

«No se amolden al mundo actual, sino sean transformados mediante la renovación de su mente. Así podrán comprobar cuál es la voluntad de Dios, buena, agradable y perfecta.» (Romanos 12.2)

Podemos renovar nuestra mente. Ser diferentes.

Podemos no conformarnos con ser simplemente «cristianos de clase media».

Aunque hayas recibido un pulido entrenamiento para ser un engranaje más en la línea de ensamblado de la gran fábrica, debes saber que tú no naciste para eso. Tú puedes ser alguien que razona, y no alguien que «sigue su corazón» como te enseñan las novelas, las canciones y las películas de hoy en día. La gran trampa está en que «seguir tu corazón» es responder instintivamente a aquello para lo cual fuiste ya adoctrinado audiovisualmente durante décadas. Pero tú puedes ser alguien que no se rinde ante el entrenamiento que la sociedad le dio. Tú te puedes re-entrenar para ser alguien que importa, para rebelarte y para destacarte.

Un apóstol Pedro ya maduro le escribió a una nueva generación de cristianos (más específicamente, judíos convertidos que estaban extendiendo la llegada del evangelio a todo el imperio Romano) lo siguiente:

«Por eso, dispónganse para actuar con inteligencia; tengan dominio propio; pongan su esperanza completamente en la gracia que se les dará cuando se revele Jesucristo. Como hijos obedientes, no se amolden a los malos deseos que tenían antes, cuando vivían en la ignorancia. Más bien, sean ustedes santos en todo lo que hagan, como también es santo quien los llamó; pues está escrito: "Sean santos, porque yo soy santo." Ya que invocan como Padre al que juzga con imparcialidad las obras de cada uno, vivan con temor reverente mientras sean peregrinos en este mundo. Como bien saben, ustedes fueron rescatados de la vida absurda que heredaron de sus antepasados...» (1 Pedro 1.13-18)

¡Wow! ¿Leíste esa última frase? Pedro les estaba escribiendo a hijos de judíos, que cumplían con la ley y las tradiciones judías y nunca faltaban a la sinagoga. No les estaba diciendo eso a hijos de paganos mal portados y carentes de ley. ¿«Vida absurda que heredaron de sus antepasados»? ¡Qué fuerte! Obviamente Pedro ya no era el mismo discípulo, impetuoso pero cobarde, que negó tres veces a Jesús en el momento de la cruz. Ahora Pedro tenía muy claro que ser cristianos santos no se trata de ser personas buenas que cumplen las tradiciones y no se meten en problemas.

La verdadera santidad convierte a personas simples en personas peligrosas, a ex-cobardes en valientes que hacen lo que en su lugar haría Aquel que los llamó de las tinieblas a la luz.

VE MÁS ALLÁ:

1 Timoteo 4.4-10
Romanos 6.22
1 Tesalonicenses 3.13

2

LA
SANTIDAD
DE ACCIÓN

SE TIENEN
MENOS NECESIDADES
CUANTO MÁS
SE SIENTEN
LAS AJENAS.

-DORIS LESSING

Cuando apenas tenía la edad suficiente como para subirme a mi primer bicicleta con asiento «banana» (así le decíamos en ese entonces a los asientos alargados), en la iglesia me dieron a entender que un buen cristiano era aquel que no fumaba, no se emborrachaba, no decía malas palabras, no bailaba y no faltaba nunca a las reuniones. A esta lista, claro, se le agregaban no robar, no matar y no adulterar, pero estas cosas eran todavía muy lejanas para mí así que el énfasis, dentro de mi comprensión infantil, estaba puesto en las primeras.

Ahora bien, si prestas atención a la lista notarás que todas eran cosas que NO había que hacer. Los indicadores de un buen cristianismo, según estas premisas, pasaban por lo que NO hacemos los cristianos en lugar de por lo que SÍ debemos hacer.

Mi mamá, sin embargo, me repetía una y otra vez el siguiente versículo:

«Así que comete pecado todo el que sabe hacer el bien y no lo hace.»
(Santiago 4.17)

Tardé años en darme cuenta que ambas verdades eran dos caras de una misma moneda, pero que lo que mi mamá trataba de enseñarme le daba verdadera emoción a la parte de abstenerme de hacer cosas malas. El enfocarme intencionalmente en hacer lo bueno era uno de los secretos para que las cosas malas perdieran gran parte de su poder para tentarme.

Ahora, permíteme dejar algo bien claro antes de continuar hablando específicamente de ese secreto. Debo hacerte una confesión. Como ya te imaginarás, en un sentido práctico no soy un santo, y no escribo este libro con la pretensión de dar entender que no tengo luchas, debilidades o tentaciones. En más oportunidades de las que puedo precisar, he experimentado tentaciones del ego, tentaciones económicas, tentaciones del alma y tentaciones sexuales. Todos somos pecadores y yo no soy la excepción.

De hecho, una curiosidad respecto al libro que tienes en tus manos es que, cuando inicialmente se me ocurrió que hacía falta un libro como este, pensé en alguien más para escribirlo. Sí. Como publicador de una editorial, parte de mi trabajo es pensar en temas para libros y también buscar posibles autores a los que les propongo escribir sobre esos temas. Incluso en muchos casos propongo libros con el título ya puesto y la tapa ya diseñada, para ayudarles a los candidatos a visualizar hacia dónde creo que debería apuntar el libro. (Te acabas de enterar de uno de los pequeños secretos del mundo editorial... ¡Shhh!). Pero en este caso, los dos excelentes pastores a los que les presenté la idea de escribir un libro con estas características me respondieron que la propuesta era muy buena, pero que este no era su tiempo para escribir este libro, o bien no eran ellos los que lo debían hacer. Así que ahí quedó el proyecto, en una carpeta, hasta que una noche me topé con ese versículo que tanto me repetía mi mamá y, acordándome de la idea de este libro, entendí que el Espíritu Santo me estaba provocando a escribir estas páginas.

Ahora sí, dejemos en claro el secreto encerrado en ese versículo al que me refería: Resulta que un poderoso tesoro oculto detrás de hacer lo bueno es que, cuando nos ocupamos de hacer aquello que produce un efecto positivo en otros, tenemos menos espacio de atención para hacer lo malo.

TEOLOGÍA DE LA ESPERANZA

En uno de los capítulos de mi libro «El mejor líder de la historia» hago referencia a que Jesús tenía muy claro el efecto seductor de la esperanza. El gran maestro nacido en Belén sabía que para tomar buenas decisiones en nuestro presente, es vital contar con el poder de una esperanza en el mañana.

Durante muchos años la psicología, con Sigmund Freud a la cabeza, ha intentado convencernos de que lo que mayor peso tiene a la hora de determinar nuestra manera de vernos a nosotros mismos y de tomar decisiones, es lo que hemos vivido en nuestro pasado. Sin embargo, últimamente la sociología ha comenzado a cuestionar esta idea. Para esa disciplina, es lo que creemos acerca de nuestro futuro lo que determina las decisiones que tomamos hoy.

Si lo piensas con atención, cuando alguien no cree en su mañana no tiene ninguna razón para tomar buenas decisiones en su presente. Esa es la razón por la cual las nuevas generaciones progresan cuando tienen esperanza, y retroceden cuando carecen de ella. Al fin y al cabo, los vicios de la cultura se vuelven más atractivos cuando alguien solamente está pensando en el ahora. La ilusión de que uno puede disfrutar las sensaciones del ahora sin las consecuencias del mañana es lo que abre la puerta para algunos de los charcos más comunes en los que se embarran los seres humanos.

Por eso es tan vital el contenido de este libro y que descubramos juntos lo que vamos a conversar en las próximas páginas. Soñar que es posible vivir en santidad y confiar en que podemos disfrutar de un cristianismo mejor que el que disfrutaron las generaciones anteriores, son fundamentales para tomar las decisiones que nos ayudarán a llegar allí.

> **CUANDO ALGUIEN NO CREE EN SU MAÑANA NO TIENE NINGUNA RAZÓN PARA TOMAR BUENAS DECISIONES EN SU PRESENTE**

Si tenemos una idea equivocada de lo que es la santidad, y la creemos demasiado lejana para nosotros, o demasiado abstracta, o incluso intrascendente para la vida real de todos los días, entonces se paralizará nuestro crecimiento espiritual y nos conformaremos simplemente con una tediosa y aburrida «santidad de omisión»... esa que solo tiene que ver con no hacer ciertas cosas por temor o costumbre.

El apóstol Pablo, como si hubiera sospechado lo que la psicología y la sociología iban a proponer, conectó la dimensión del pasado con el futuro en esta afirmación:

«Porque somos hechura de Dios, creados en Cristo Jesús para buenas obras, las cuales Dios dispuso de antemano a fin de que las pongamos en práctica.» Efesios 2.10

Tenemos que creerlo. Desde el pasado, Dios preparó un futuro espléndido para aquellos que deciden caminar como Jesús y precisamente de eso se trata entonces la «santidad de acción». De hacer lo que en nuestro lugar hubiese hecho Cristo.

UN DIAGNÓSTICO ACERTADO

Para ser honestos, no sabemos demasiado acerca de lo que Jesús no hizo. En cambio, sí sabemos lo que él hizo. El Dios hecho carne fue compasivo, generoso, perdonador, justo, se acercó a necesitados de todo tipo, hizo proezas audaces, asumió riesgos y vivió una vida sacrificada por otros. A medida que vamos a estudiando más sobre su vida, somos seducidos y desafiados a vivir como él. Aunque, lamentablemente, no siempre la santidad de los que le siguen se parece a la de Jesús.

En cierta ocasión me encontraba en el aeropuerto «El Dorado» de Bogotá esperando mi vuelo, cuando se escuchó el anuncio de que, debido a un problema técnico, íbamos a tener un retraso. Recibí la noticia con fastidio, como siempre que estoy deseando volver a casa luego de varios días dando conferencias en alguna ciudad lejos de mi familia. Cuando se retrasan los vuelos a último momento no hay mucho que se puede hacer, así que saqué de mi bolso algo para leer.

Pronto noté que prácticamente a mi lado había un joven de unos 20 años, muy bien vestido, leyendo un libro que por la cantidad de páginas que tenía parecía un diccionario. Al darle una segunda mirada descubrí que lo que estaba leyendo era uno de los volúmenes de «El Capital», la obra de Karl Marx, el ideólogo del comunismo. Esto me llamó la atención. *«No hay muchos jóvenes de esa edad leyendo ese tipo de libros últimamente»*, pensé.

Al rato escuchamos el anuncio de que el vuelo se había vuelto a retrasar, y ambos cruzamos las miradas. Le pregunté si vivía en Bogotá o en Miami, que era a donde iba el vuelo, y me dijo que en Medellín. Momentos después le pregunté qué le parecía el libro que estaba leyendo, y a los pocos minutos ya nos encontrábamos hablando de política internacional. Luego de un rato de interesante conversación le pregunté a qué se dedicaba. Me dijo que tan solo era un estudiante, pero noté que dudó al responderme. Lo mismo me preguntó él, y yo le dije que era escritor, lo cual hizo más interesante aun la conversación.

Finalmente, y sin que yo hubiera dicho una palabra al respecto, este joven me preguntó: *«¿Eres cristiano?»*. Le respondí que sí, con una sonrisa. Entonces el joven hizo un silencio, me miró fijo, y luego echó una mirada a un lado y al otro tratando de ver si alguien nos estaba mirando porque, evidentemente, iba a confesarme un secreto. El joven se inclinó y me dijo: *«Hace un rato me preguntaste a qué me dedicaba y te dije que era un estudiante, pero en realidad soy miembro del servicio de inteligencia de las FARC, aquí en Colombia»*. Las FARC son las fuerzas armadas revolucionarias de Colombia, y son consideradas un grupo terrorista por varios estados de gobierno, comenzando por el de su propio país. Así que no pude salir lo suficientemente rápido de mi asombro al escuchar esta confesión, y ahora era yo quien miraba a un lado y al otro para ver si alguien nos vigilaba. Sobre todo porque notaba que este joven se había puesto tenso. Me siguió mirando fijo y, con la actitud de quien confiesa un secreto de estado, agregó: *«...Y yo tengo un problema con ustedes los cristianos»*. Esto me hizo tragar saliva. Nunca voy a olvidar lo que el joven me dijo a continuación: *«Ustedes los cristianos tienen suficiente filosofía religiosa como para diferenciar lo que está* bien de lo que esta mal, pero demasiado poca como para hacer una diferencia».

¡Cuánta verdad en una sola afirmación! Este joven había hecho un diagnóstico preciso del estado del cristianismo moderno. Hemos tratado nuestra fe como si fuera un código moral de protección contra el pecado, en lugar de un código de valores diseñado para modificar agresivamente el estado de esclavitud del ser humano.

LA CLASE DE SANTIDAD QUE QUIERO TENER

Algunos años antes de ese encuentro, en Estados Unidos se había puesto de moda entre los cristianos el llevar brazaletes, ropa y accesorios con la inscripción «W.W.J.D.», siglas que representaban la frase «What Would Jesus Do?», lo cual traducido al español significa «¿Qué haría Jesús?». Por ese entonces me invitaron a predicar en un evento multitudinario en Texas, y el lema del evento era esa sigla. Me acuerdo claramente que aquellos que hablaron antes que yo se refirieron a la santidad, les recomendaron a los jóvenes pensar muy bien antes de hacer algo malo, y les advirtieron que hacer lo que no agrada a Dios trae consecuencias. Después de todo, ese era el tema, ¿cierto? Sin embargo, observando me di cuenta de que los jóvenes escuchaban con las cabezas gachas, y sentí que algo estaba faltando en los mensajes. En el lugar se respiraba un clima de tensión y vergüenza.

Mientras oraba con los ojos abiertos, esperando mi turno de hablar, creo que fue el Espíritu Santo quien me hizo darme cuenta de que, por todo lo que se estaba compartiendo, era como si la pregunta hubiese sido «¿Qué cosas NO haría Jesús?», en lugar de qué cosas Sí haría él. Así es que rápidamente cambié lo que había preparado para predicar, y cuando me tocó hablar comencé leyendo el pasaje en el evangelio de Lucas donde el propio Jesús explica cuál era la misión había venido a cumplir en la tierra:

«*El Espíritu del Señor está sobre mí, por cuanto me ha ungido para anunciar las buenas nuevas a los pobres. Me ha enviado a proclamar libertad a los cautivos y dar vista a los ciegos, a poner libertad a los oprimidos, a pregonar el año del favor del Señor.*»
(Lucas 4.18-19)

Comencé a hablar de lo que SÍ hizo Jesús y de lo que quiere hacer hoy en la tierra a través de la nueva generación. Hablamos de transformar la sociedad, del impacto que un cristiano inyectado con la santidad divina puede ocasionar en su contexto, respetando su diseño y libre de la necesidad de ser alguien que no es. Hablamos de amor, de pasión, de compasión y de sacrificio. Al terminar, el entusiasmo entre los jóvenes era evidente. Esta

> **LA DESESPERANZA, LA DISCRIMINACIÓN, LA INDIFERENCIA Y LA INSENSATEZ SON JUSTAMENTE LA MISERICORDIOSA LUCHA DE LOS SANTOS.**

santidad no se trataba solamente de alejarse del pecado, se trataba de ofenderlo. Sí. Ofenderlo y agredirlo porque la desesperanza, la discriminación, la indiferencia y la insensatez son justamente la misericordiosa lucha de los santos.

LOS PECADOS DE OMISIÓN

Es una lástima que la iglesia haya enfatizado durante tanto tiempo solo lo que no debemos hacer los cristianos, y se haya enseñado tan poco sobre los pecados de omisión, que son aquellos pecados que tienen que ver con lo que Jesús quiere que hagamos y no hacemos. Al fin y al cabo, estos son los pecados de los que hablaba el versículo que me repetía una y otra vez mi mamá.

Yo he hecho el experimento. Si hacemos una lista de las cosas malas que siempre escuchamos que no debemos hacer, la lista puede llegar a ser larga como papel higiénico. Si, en cambio, nos proponemos anotar los pecados de omisión (es decir, aquello que deberíamos hacer y no hacemos), al cristiano promedio le vienen a la mente muy pocas cosas: orar, diezmar, leer la Biblia, ir a la iglesia y obedecer a nuestros padres... No mucho más. He hecho la pregunta en distintos auditorios, y siempre me sorprende lo difícil que le resulta a la gente pensar en otras omisiones fuera de esta pequeña lista.

Esas son cosas esenciales, sin duda. Pero, ¿termina ahí la lista de lo que como cristianos debiéramos estar haciendo? ¿Qué haría Jesús en nuestro lugar?

Estoy cada vez más convencido de que hacer la obra de Cristo cambia mil realidades y además, en un aspecto personal, contribuye enormemente a nuestro sentido de satisfacción, y sobre todo, a nuestra santificación.

Cuando comienzo a hacer lo que hizo Jesús, tengo mucho menos tiempo libre para hacer aquellas cosas que no debería hacer. Por el contrario, cuando empiezo a no hacer lo que Dios quiere que esté haciendo, es fácil que la tentación me encuentre «disponible».

¿No es eso acaso lo que le pasó al Rey David?

Algunos años después de su valiente enfrentamiento con Goliat, el capítulo 11 de 2° Samuel relata que David tenía que salir en campaña contra sus enemigos pero en cambio se quedó cómodo en la terraza del palacio. El rey tendría que haber ido con su ejército, pero se quedó en Jerusalén mirando la tele y una tarde al levantarse de la cama comenzó a pasearse por la azotea del palacio y desde allí vio a una mujer muy hermosa que se estaba bañando. Primero la miró con un ojo, luego con dos, y después le sacó una foto... Hizo que la trajeran y, aprovechándose de ser el rey y de que el esposo de la mujer no estaba, se acostó con ella. Algo aparentemente increíble para un hombre que conocía tanto a Dios.

¿Dónde había empezado la tentación? En el momento en que David no estaba donde tenía que estar. Estaba perdiendo el tiempo en el palacio en vez de estar haciendo lo que Dios quería que hiciera.

La santidad es la belleza de alcanzar nuestro potencial en lugar de arruinar nuestro destino quedándonos paseando en la terraza del pecado.

La santidad es un reflejo de la hermosura del carácter de Cristo en nuestras vidas y por eso somos santos cuando hacemos lo que Cristo hizo y quiere que hagamos en las situaciones que nos tocan. Por eso me entristece cuando me encuentro con cristianos que piensan que ser santos se reduce a no fumar, no tomar, no bailar, no decir malas palabras y no tener tatuajes. Estos detalles son una expresión microscópica de lo que puede llegar a ser la santidad. La persona santa es feliz y completa por hacer la voluntad del Diseñador de la vida.

> LA SANTIDAD ES LA BELLEZA DE ALCANZAR NUESTRO POTENCIAL EN LUGAR DE ARRUINAR NUESTRO DESTINO

Martin Luther King, la madre Teresa de Calcuta, Martín Lutero y Hudson Taylor se recuerdan como santos y no por lo que no hicieron. Los recordamos como santos por lo que arriesgaron por amor a otras personas. Por amar como Jesús amó, en las circunstancias en que a cada uno le tocó vivir.

Al hacer la voluntad de Dios vamos descubriendo (y no porque nos lo hayan contado) que su voluntad no solamente es buena sino que también es «agradable y perfecta» (Romanos 12.2).

El conocido bioquímico, profesor universitario y escritor Isaac Asimov afirmó antes de morir que «No es necesario hacer el bien. Solo se trata de no hacer el mal»… demostrando cómo alguien inteligente también puede creer una gran tontería.

Definitivamente yo quiero alejarme del mal y evitar aquellas cosas que ofenden a mi Señor Jesús. Pero también quiero cuidarme de ofenderlo por no hacer lo que él me invita a hacer. De decir que no cuando él dice que sí.

¿La santidad tendrá que ver con asumir el riesgo de seguirlo?

VE MÁS ALLÁ:
Santiago 4.7-17
1 Pedro 4.8
Santiago 1.27

3

SIN FE

NO EXISTIRÍA EL ARTE

EL COMIENZO
DEL CONOCIMIENTO
ES EL DESCUBRIMIENTO
DE ALGO QUE
NO ENTENDEMOS.

- FRANK HERBERT

¿De dónde vienen los arquitectos del cambio, los grandes artistas, las mejores novelistas, los desarrolladores de software que revolucionan la vida de millones de personas, los mejores chefs y los santos? Hoy en día no vienen de las mejores universidades. No hay ninguna duda de que una buena educación puede ayudar, pero es evidente que hay algo más.

El trabajo de los centros educativos es importante, aunque en la práctica, a veces son los principales cómplices del adoctrinamiento de «la fábrica» o de la «línea de ensamblado». ¿Todo arquitecto o chef debe aprender exactamente lo mismo desde su niñez?

Además, la clave para las mejores universidades es contar con los mejores profesores, pero el problema es que no siempre están preparadas para atraerlos o mantenerlos sin desistir a la tentación de pretender automatizarlos con burocracias y procesos administrativos y es por eso que los

LA GENIALIDAD NO DISCRIMINA BOLSILLOS

mejores educadores y, por consiguiente, los mejores artistas, no necesariamente pasan por las aulas más selectas.

Además, ¿qué hay de los que no tienen el dinero necesario para asistir a los centros educativos más distinguidos? La genialidad no discrimina bolsillos.

Los mejores artistas vienen de la fe.

No me refiero a una fe anclada en Jesús, aunque al revisar la historia del arte y del progreso humano sería imposible negar el rol protagónico del cristianismo. Dios no ha estado recluido en los templos evangélicos interactuando con la cultura solo los fines de semana desde atrás de un púlpito. Dios nunca estuvo ausente. Nada jamás existió, existe ni existirá sin el guiño de su consentimiento, y por eso podemos decir que él siempre ha estado presente en la historia humana como impulsor del progreso y con un gesto cómplice a las más exquisitas obras creativas de quienes él mismo creó.

La Biblia nos regala la siguiente definición de qué es la fe:
«...la fe es la garantía de lo que se espera, la certeza de lo que no se ve.»
(Hebreos 11.1)

La fe es la gran impulsora de la expresión humana. La fe nos permite ver algo en nuestra imaginación, para que luego trabajemos en crearlo. Por eso es que la fe tiene tanto que ver con la santidad. Yo estoy convencido de que la fe, la santidad y la creatividad pueden conformar una cuerda de tres hilos que sea prácticamente indestructible como menciona el escritor bíblico en Eclesiastés 4.12.

Visitando el Museo Nacional del Prado, en Madrid, me llamó poderosamente la atención el óleo pintado sobre tabla conocido como «El jardín de las delicias», del pintor holandés Hieronymus Bosch (conocido en español como Gerónimo Bosco o «El Bosco»). Esta obra compuesta, que tiene diferentes partes, presenta una caótica sucesión de escenas alocadas representando el paraíso, la caída y el infierno. Por lo surrealista de sus imágenes, me sorprendió saber que fue pintada alrededor del año 1500. Si fuera una pintura moderna, más de uno pensaría que El Bosco tenía encima una buena dosis de alucinógenos cuando la pintó.

La exuberancia de las imágenes resulta en un principio empalagosa, pero al observar con cuidado se puede comenzar a descubrir la teología detrás de la poesía de cada escena. El mensaje de esta composición ha sido discutido por cinco siglos, aunque hay un común acuerdo en que el tema central es la crisis espiritual del hombre y su necesidad de salvación.

El Bosco tuvo que haber visto algo detrás del comportamiento humano, algo detrás de la escenas bíblicas y algo detrás de la sociedad que otros no veían, como para poder ilustrar con tantos detalles esta obra. Lo que queda claro es que su cuadro no es una reacción repentina a pensamientos superficiales. El arte más valioso raramente lo es. Cada una de las escenas retratadas requirió una visión profunda de las realidades que ilustraba.

Aunque hasta el día de hoy se siga debatiendo sobre el significado de «El jardín de las delicias», no hay dudas de que El Bosco fue intencional en lo que quería decir. Y es que el arte siempre comienza con el poder de una visión.

DESTINOS

Algunas personas terminan donde quieren llegar, e incluso más allá. Otras, la mayoría, terminan donde la vida los lleva. O al menos así lo creen...

Unos entienden que la vida es un viaje y que, como todo viaje, tiene un destino. Otros, la mayoría, creen que la vida es una sucesión de accidentes.

Los primeros tienen visión, los segundos no.

Los primeros son artistas, los segundos no.

> **LA FE, LA SANTIDAD Y LA CREATIVIDAD PUEDEN CONFORMAR UNA CUERDA DE TRES HILOS QUE SEA PRÁCTICAMENTE INDESTRUCTIBLE**

Los primeros son santos, los segundos no.

Las personas con visión son intencionales. Entienden sus responsabilidades. En cambio, las personas sin visión son reaccionarias. Responden mayormente a estímulos externos.

Culpan a sus parejas, a sus ex, a sus empleados, a sus empleadores, a sus padres y al gobierno de todas las cosas malas que les suceden, y agradecen cuando «por accidente» o «por casualidad» alguien escoge hacerles un bien.

Nelson Mandela afirmó que, mientras estaba injustamente preso por oponerse a la ley del Apartheid (ley por la cual los «Afrikaans», la gente de color de su país, no podía estar en los mismos lugares ni acceder a los mismos servicios que la gente blanca), él *«no tenía una creencia específica de lo que iba a suceder, solo que nuestra causa era justa y que iba a prevalecer»*. Mandela tenía una visión. A pesar de estar preso, a pesar de que con sus ojos solo podía ver las grises paredes de su celda, él imaginaba el colorido destino de un futuro sin Apartheid. Si conoces la historia de este líder sudafricano, ya sabrás que esa visión le permitió sobrevivir 30 años en la cárcel y llegar a ser mundialmente reconocido como uno de los héroes más destacados de las últimas décadas.

LOS SUEÑOS QUE SIEMPRE SE CUMPLEN

Los santos sueñan sueños que siempre se cumplen, porque sueñan los sueños de Dios.

Lloran con lo que Dios llora. Se emocionan con lo que emociona a Dios. Se ríen con lo que le da risa a Dios.

En los últimos años en Iberoamérica se ha insistido mucho con que «Dios cumple nuestros sueños». Esto es, como mínimo, una exageración común de predicador emocionado, o una afirmación del típico profeta moderno con un marcado vicio por complacer a la multitud. No me mal entiendas. Dios cumple sueños, porque cumple sus promesas. Pero eso es muy diferente a decir que va a cumplir TODOS nuestros sueños, o a decir que quiere cumplir TUS sueños.

En los años 90 escribí un libro muy simple titulado «Cómo cumplir tus sueños», donde hablaba de ciertos hábitos que desarrollan las personas que logran cumplir sus sueños. Hoy, muchos años después, puedo dar testimonio de cómo esos hábitos me han ayudado a desarrollar mi propio potencial, y como han ayudado a otras personas a desarrollar el suyo. Pero si Dios cumpliera todos nuestros sueños, yo no sería predicador del evangelio... ¡Sería Batman!

¿Quién no ha tenido sueños infantiles?

Las personas con visión no son aquellas que simplemente tienen anhelos o se plantean algunas metas. A veces me da tristeza ver en las redes sociales a jóvenes que comparten que sus sueños son conocer en persona a algún artista famoso, o encontrar el amor de su vida. ¿Alguna vez leíste una lápida que dijera de alguien: «Consiguió sacarse una foto con su cantante favorito» o «Logró encontrar marido»?

No. Tener visión es otra cosa. La visión le da significado, sentido y misión a la levedad de la mera existencia. Le agrega propósito y trascendencia aun a las tareas más simples de la vida. Una visión clara, abonada con la valentía de sobrevivir a cualquier desafío, cata-

SU DISEÑO DIVINO DETERMINA NUESTRO DESTINO IDEAL

pulta tus posibilidades de llegar a la adultez y luego a la vejez con la certeza de haberlo dado todo, y con la satisfacción de dejar un legado al mundo.

Yo sé. Estos últimos párrafos pueden sonar bastante similares a las frases motivacionales de los gurús de la cultura moderna, que te dicen que «Si puedes soñarlo, puedes lograrlo» lo cual tiene cierto grado de verdad. Y es que el creer que solo los cristianos podemos decir verdades es una de las premisas más ridículas que repiten muchas personas en las iglesias de hoy.

¿Están hablando en serio? Hasta me resulta difícil de creer que alguien crea algo así.

Cuando algo es verdad, es verdad, no importa quien lo diga.

Sin embargo, sí hay una diferencia que divide las aguas entre lo que se afirma desde el mundo de la automotivación y lo que debemos creer los cristianos. Quienes le hemos confiado nuestra lealtad a la cruz y entendemos que, además de un Salvador, tenemos un Señor, hemos renunciado al «derecho» de soñar para nosotros mismos. Ya no somos nuestros. (Puedes leer 1 Corintios 6.19-20 si te quedan dudas.)

Vivir para él involucra descubrir su visión para nuestras vidas, y afectar las vidas de otras personas como él nos diseñó para afectarlas. Es su diseño divino el que determina nuestro destino ideal.

Nadie más puede determinar el futuro con tanta precisión. Él hizo el futuro. Él está en el pasado y está en el «por suceder». Y él te hizo a ti. Dios tiene una visión singular para nuestras vidas, y la santidad consiste en abrazar esa visión.

¿Te suena muy determinista o despótico el que Dios tenga un plan preciso para ti? Quizás sea porque todavía no confías plenamente en Él.

Piensa en esto: cuando somos pequeños no nos subimos al automóvil de papá porque nos dice a dónde vamos y estamos de acuerdo. Subimos simplemente porque es el automóvil de papi. Él ya sabe, no solo lo que queremos, sino lo que en verdad necesitamos. Y cuando somos pequeños subimos a su automóvil confiados y felices, simplemente porque es nuestro padre.

¿Podríamos revelarnos ante el plan de Dios? Claro que sí. Podemos tener una «crisis adolescente» y creernos demasiado grandes como para subirnos al automóvil de papá sin que antes nos diga a dónde vamos. Dios nos dio libre albedrío. Pero en ese caso, ¿quiénes son los que no van a llegar a su destino, o van a llegar

LA SANTIDAD DESATA A LA CREATIVIDAD

tarde, o maltrechos? Nosotros. Por eso es lo más emocionante y a la vez lo más inteligente elegir el camino de la santidad.

Cuando elegimos usar nuestras experiencias, genes, habilidades heredadas y aprendidas, y hasta nuestra educación, para descubrir y cumplir el plan de Dios para nuestras vidas, es ahí donde entra en juego otra cualidad además de la obediencia y la visión. La santidad desata a la creatividad.

¿POR QUÉ PODEMOS SER CREATIVOS?

He estudiado y enseñado teología por muchos años, y sin embargo hasta ahora no he encontrado un solo libro de teología sistemática que al hablar de los atributos transmisibles de Dios mencione la creatividad.

Los atributos transmisibles de Dios son aquellas características de Dios que nosotros podemos desarrollar en base a nuestra relación con él. Por ejemplo, perseguimos la santidad porque él es santo. ¿Y qué hay de la creatividad?

Yo encuentro 3 razones básicas para explicar por qué podemos y debemos desarrollar una mayor creatividad en nuestras vidas:

1. Somos los hijos del Creador del universo
2. Dios nos dio libertad creativa
3. Tenemos imaginación

Razón 1: El universo se sigue expandiendo. No es una obra terminada, y el mejor telescopio que tenemos disponible no llega a ver sino una pequeñísima parte de lo que el universo es. Comparada con el universo, nosotros vivimos en una comunidad muy pequeña de estrellas llamada la vía láctea, y los astrónomos dicen que si contáramos todas las estrellas que forman parte de esta subdivisión, a razón de un segundo por cada estrella, tardaríamos al menos 2500 años para contarlas todas. ¿Te lo imaginas? Y ese es solamente nuestro barrio. ¿No te hace sentir pequeño? Es porque lo eres.

Sin embargo, hay algo que te hace enormemente importante: Dios es tu Padre.

Maravillosamente bello, ¿cierto?

Tu Padre Celestial es el creador de todo lo que está en el mar, lo que está en la tierra y lo que está en el cielo. Él es el creador de billones de estrellas semejantes al sol, o aun más grandes, y es quien diseñó las galaxias y las mega galaxias. ¿Cómo no vamos destacarnos por nuestra capacidad creativa nosotros que somos sus hijos y hablamos con Él?

Cuando ponemos nuestra fe en la identidad de Dios, en quién es él, entonces tenemos más seguridad respecto de nuestra propia identidad. Así como mis hijitos se parecen a mí, nosotros deberíamos parecernos a nuestro Padre Celestial. Si él es El Creador por excelencia, entonces se debería notar en nosotros esa chispa creativa que nos distingue como sus hijos.

Razón 2: En el libro de Génesis, capítulo 2, nos encontramos con lo primero que Dios le da a Adán para hacer: ir y ponerle nombre a los animales. Curioso, ¿no? ¡Lo primero que Dios le pide al ser humano en la revelación escrita es que sea creativo! Contrario a lo que nos han enseñado algunos, Dios pone a Adán a trabajar en el huerto. El trabajo no es consecuencia del pecado. Génesis 2.15 y 19 nos muestran a Adán trabajando con sus propias manos y su propia creatividad para labrar la tierra e inventar los nombres de los animales. Y Dios no le puso ninguna restricción a esas tareas.

Saltemos ahora al Nuevo Testamento. Nos encontramos con Jesús pronunciando esas palabras que hoy llamamos «la gran comisión» (Marcos 16.14-18; Lucas 24.36-49; Juan. 20.19-23) ¿Y cuál es la escena, el contexto, en el que Jesús nos deja este encargo? Es la escena que conocemos como «la ascensión». Jesús está por subir a los cielos luego de la resurrección, y estas son sus instrucciones finales. Básicamente les encarga a los discípulos multiplicarse en otros discípulos. Pero hay algo curioso: estas instrucciones son bastante generales. No habla del horario apropiado para el culto, de cómo deben ser las reuniones, de cuánto debe durar la predicación, ni de cuál es la música apropiada. Jesús define QUÉ debemos hacer, pero no define CÓMO. ¿Por qué? Porque otra vez Dios nos está dando el guiño para que usemos nuestra propia creatividad.

Razón 3: La imaginación es la semilla divina que Dios puso en nosotros para que podamos tener vidas que se diferencien de las del resto de los animales. El resto del reino animal funciona por instintos que repiten conductas aprendidas hereditariamente, y Dios fue sin duda quien eligió para ellos ese diseño. Pero a nosotros nos dio una mayor libertad. Nosotros podemos imaginar. Podemos solucionar problemas considerando posibilidades nunca antes probadas. Una imaginación fértil es un trampolín que nos permite saltar más alto y llegar más lejos en la vida.

El hecho de que muchos piensen que cuando se distribuyó la imaginación llegaron tarde al reparto, también tiene que ver con el proceso de adoctrinamiento de «la fábrica» que describimos en el primer capítulo.

Cuando éramos niños imaginábamos libremente, sin horarios y sin límites. Si le preguntas a un niño de seis años si sabe cantar, te dirá que sí. Pregúntale si sabe dibujar, y te dirá que sí. Pregúntale si sabe correr rápido, y te dirá que sí. Pregúntale si sabe volar, y probablemente también te diga que sí.

En cambio, si repites el mismo cuestionario con el mismo niño cuando tenga trece años de edad, probablemente te responderá que no a todas las preguntas. ¿Qué pasó con ese niño? Lo que pasó es que ese niño ya «aprendió». Aprendió que usar la imaginación es peligroso y salvaje. Fue a la escuela de la fábrica, donde le enseñaron que es más seguro ser todos iguales y hacer todas las cosas como las hacen los demás. Aprendió que si quiere ser popular tiene que hacer lo mismo que hacen otros, solamente que un poco mejor, pero nada de ser diferente, porque eso abre la puerta a la burla, a la incomprensión y a la soledad. Lo que este niño no aprendió es lo que se está perdiendo.

TU LLAMADO AL ARTE

Sea cual sea tu vocación, tu trabajo o tu pasión, fuiste creado para ser un artista. Fuiste diseñado para hacer lo que sea que hagas con belleza.

Las ideas y los párrafos de este libro son intentos... Son mis intentos tartamudos y frágiles de seducirte lo suficiente como para que pierdas el miedo de expresar tu arte y vuelvas a sentir esa seguridad que tenías en la niñez. Esa confianza con la que le dabas tus dibujos a tu madre para que los pegara en alguna parte visible de la casa.

¡Practica la fe y sueña con ganas! Imagina un futuro con ojos de oportunidad, entendiendo que en cada interacción humana está la posibilidad de influir positivamente en otros.

¿Le has pedido visión a Dios últimamente?

Copérnico, Kepler, Galileo y Locke no solo fueron impulsados y guiados por su insatisfacción científica, sino también por el gran artista. Picasso, Vivaldi, Steve Jobs y Jeff Bezos no temieron responder a esa voz de su niñez que los llamaba a la aventura de hacer algo distinto.

Abre los ojos de tu imaginación, deja el pecado atrás, crea nuevas posibilidades para otras personas, y estarás poniendo en marcha tu propia aventura.

Volvamos a leer Efesios 2.10

«Porque somos hechura de Dios, creados en Cristo Jesús para buenas obras, las cuales Dios dispuso de antemano a fin de que las pongamos en práctica.»

La santidad no se reduce a no hacer cosas malas, sino que encuentra su dimensión más personal y sublime cuando le estamos dando al mundo esas obras maestras que solo nosotros le podemos dar.

Los santos son espías en la tierra del futuro.

Isaías 43.19-21
Habacuc 3.2
Romanos 7.6

4

TRES REGLAS QUE

LOS SANTOS ROMPEN

LA ESENCIA DEL OPTIMISMO
ES QUE LE PERMITE
AL HOMBRE RECLAMAR
SU FUTURO, EN LUGAR
DE ABANDONARLO
DEJÁNDOSELO A SU ENEMIGO.

- DIETRICH BONHOEFFER

Si te criaste en este planeta llamado Tierra, seguramente habrás percibido repetidas veces la idea de que la santidad tiene que ver con cumplir las leyes. Incluso te habrás encontrado tantas ocaciones con esta idea que lo más probable es que la tengas incorporada como si fuera una verdad indiscutible. Aún si la idea te produce fastidio.

En el capítulo 2 hablamos de que la santidad no solamente tiene que ver con no hacer ciertas cosas malas y ahora, al continuar nuestra conversación, quiero hacerte notar también que otra de las ideas populares respecto a la santidad es que siempre tiene que ver con obedecer reglas y jamás con romperlas.

¿Será cierto?

Quienes me conocen en la intimidad saben que nunca fui muy amigo de las reglas. Mis primos, mis amigos de la infancia y aun los amigos de mis padres podrían contarte algunas historias acerca de mi niñez que rozarían la categoría de «leyendas» como la vez que en jardín pre escolar me subí a la punta de un pino y comencé a gritar pidiendo ayuda cuando me dio miedo bajar pero por tan alto que estaba nadie se animó a venir a rescatarme así que tuvieron que llamar a los bomberos. De hecho, cuando falleció mi mamá fuimos con mi papá a visitar la iglesia de la que fuimos parte hasta que yo tenía diez años, y mi mayor sorpresa fue que cada persona mayor que me encontré allí parecía tener alguna historia increíble para contar sobre mi niñez. Al escucharlos pensé que estaban exagerando un poco, pero me causó risa notar que estaban convencidos que había sido así como me contaban (aunque yo no me acordara o recordara algo muy diferente).

Cuando cerca de mis veinte años, le entregué mi vida a Dios no solo para que me salve sino para que haga conmigo lo que quiera, pensé que lo que más me iba a costar al intentar vivir una vida de santidad era tener que sujetarme a cuanta regla me pusieran en la vida (y, sobre todo, en la iglesia). Yo era consciente de mi naturaleza rebelde y de mí ya probada irreverencia, y recuerdo haberle pedido perdón a Dios en varias ocasiones no solo por mis rebeldías pasadas sino por alguna próxima vez en la que iba a reaccionar mal cuando alguien quisiera imponerme alguna regla absurda. Me sentía como ese joven que se me acercó al terminar una conferencia a pedirme que orara por él para que nunca tuviera una tentación sexual. Al igual que ese adolescente que no sospechaba que sus tentaciones sexuales eran un regalo de Dios para que algún día pudiera disfrutar y hacer disfrutar del placer del amor a la vez que procrear una familia, yo ignoraba que esa rebeldía innata era un regalo de Dios para hacerme diferente.

EL SECRETO DE LAS CATACUMBAS

Aunque fue fugaz, nunca voy a olvidar mi primera visita a Roma. Mi amor por la historia y mi expectativa por conocer la «Citta Eterna» me tenían más inquieto que de costumbre. Mi hijita Sophie no tenía más de dos años, pero de todos modos con mi esposa Valeria estábamos decididos a conocer todo lo que pudiéramos en el poco tiempo que teníamos. Fuimos al Coliseo, a la Fontana di Trevi, al foro romano, y vimos el Arco de Constantino. Sin embargo, la gran sorpresa la tuve al hospedarnos en un monasterio pegado a una iglesia del siglo XII. El hecho de que se tratara un monasterio era lo que me había llamado la atención a la hora de hacer la reserva online. Pero lo que yo no sabía era que el lugar era abiertamente una catedral, ni tampoco tenía idea de que era una construcción arriba de otras construcciones más antiguas... Una vez allí me enteré de que en los cimientos de esta iglesia conocida como la «Basílica di San Clemente al Laterano» se encuentra una iglesia del siglo IV, y debajo de esta construcción hay otra que fue una casa privada donde se llevaron a cabo reuniones clandestinas de cristianos entre el siglo I y el II. Hoy esto puede parecer muy extraño, pero para los romanos no era raro tirar abajo una construcción, aunque fuera importante, o cubrirla de tierra para edificar otra nueva arriba. Se trata de una costumbre que mantuvieron por siglos.

El enterarme de que en este lugar mis hermanos de la iglesia primitiva habían dado la vida por su fe me embargó el corazón. Los cristianos del primer siglo se reunían en casas de recién convertidos y en catacumbas (que no eran otra cosa que tumbas subterráneas donde, por superstición, los soldados romanos no los perseguían). Y el pensar que sobre estos lugares sagrados se habían edificado otros me hizo reflexionar sobre la evolución (o la involución) de una iglesia que estuvo en un momento conformada por cristianos dispuestos a dar su vida como mártires por la causa de Cristo, y que, siglos después, está llena de gente cómoda que, en todo caso, se porta bien.

> **LOS SANTOS DE LA ANTIGÜEDAD, Y LOS DE HOY, HAN SIDO Y SON PERSONAS DISPUESTAS A SER INCOMODADOS POR SU FE**

Los santos de la antigüedad, y los de hoy, han sido y son personas dispuestas a ser incomodados por su fe.

Cuidado. No estoy hablando de hacer cosas obsoletas, como vestirnos y hablar raro, para ser una iglesia «más bíblica». ¿Usaban corbata y leían alguna traducción de la Biblia con lenguaje antiguo en la iglesia primitiva? No. La verdad debe ser contextualizada por cada generación, y necesitamos encontrar formas postmodernas de adoración. Poder expresar nuestra fe acorde al lenguaje, las armonías y la estética actuales resulta fundamental para una transmisión fiel del evangelio. Lo que me emocionó fue pensar en la actitud y el compromiso indómito de estos cristianos primitivos, menos informados en sus mentes, pero más formados por el evangelio en sus corazones. En el capítulo 3 del libro de los Hechos se relata la escena en la que Pedro y Juan se encuentran con un cojo que les pide limosna, y al que responden que no tienen oro ni plata pero que le darán de lo que tienen... y obran una sanidad en él. Mi amigo Alex Sampedro compuso una canción llamada «Sal» que, en referencia a esa escena, dice en unas de sus líneas «tengo oro y tengo plata pero el cojo ya no baila». ¿Es eso acaso lo que nos pasa a los cristianos de hoy en día?

¿El acostumbramiento a las reglas de este mundo ha actuado como nuestra criptonita, haciéndonos perder el poder de una vida cristiana santa?

Para sacudirnos este sopor, inflamar la llama sagrada y volver a las profundidades de nuestra fe, debemos revelarnos ante algunas reglas de la cultura actual que, por desgracia, también se han metido en la iglesia:

1. La regla de la popularidad
2. La regla de la seguridad
3. La regla del individualismo

LA FAMOSA FAMA

Vivimos en una era en la cual rendimos tanto culto a la popularidad que hasta hemos inventado personajes que son famosos solo por ser famosos. Incluso dentro del mundo cristiano muchas veces confundimos popularidad con unción. Confundimos fama con éxito ministerial. Y creemos que si alguien habla a las multitudes es porque tiene el favor de Dios, sin considerar la posibilidad de que sea porque las multitudes de hoy aprecian más *la forma* de los mensajes que el *contenido* de los mismos.

Conozco líderes cristianos «famosos» que les recomiendan a otros líderes cristianos que tengan guardaespaldas aunque no los necesiten, solamente para aparentar éxito... Porque dicen que si la gente piensa que alguien es famoso, entonces lo van a respetar más.

¿En serio un líder cristiano necesita esos trucos?

Probablemente hayas visto en la televisión (o puedes buscarlo en la internet) un experimento o broma en el cual una persona (un desconocido) se pasea por una calle transitada, rodeado de personas (actuando, como parte del experimento) que le sacan fotos y le piden autógrafos. ¿Qué sucede? Que la gente que lo ve se acerca y pide también sacarse fotos con él, aunque no tengan la menor idea de quién es.

¿Qué efecto tendrá este sensacionalismo, esta desesperación por la fama, en nuestra visión de la vida y nuestra escala de valores?

Uno de los efectos que he podido notar en mí es una inclinación o deseo persistente por hacer lo que es popular. Por quedar bien. Por caerle bien a la gente. Por conquistar.

> **RENDIMOS TANTO CULTO A LA POPULARIDAD QUE HASTA HEMOS INVENTADO PERSONAJES QUE SON FAMOSOS SOLO POR SER FAMOSOS**

¿Y cuál es el peligro en esto? Al pensar en mi adolescencia me doy cuenta de que tendría que escribir varios libros si me pusiera a contar la cantidad de ridiculices que hice en esa época buscando ganarme la aprobación de mis compañeros de escuela. Hoy, a la distancia, pienso: ¿por qué necesitaba esa aprobación? ¿por qué me importaba tanto? ¿y dónde están mis compañeros de escuela ahora? Definitivamente todo eso fue una pérdida de energía y también fue una pérdida de oportunidades, por el tiempo y el esfuerzo malgastados en intentar impresionar a personas tan pasajeras en el camino de mi vida.

Como alguien dijo: desperdiciamos nuestra vida tratando de impresionar a personas que, en el fondo, no nos valoran y a las que, en el fondo, no valoramos.

Los santos rompen la regla de la popularidad.

Los santos deciden hacer lo correcto aunque no sea lo más popular. No piensan en cómo afectará su fama lo que van a decir o hacer, sino que piensan en cómo afectarán a otras personas con sus palabras o sus acciones, intentando producir una influencia positiva y hacer lo que en su lugar hubiese hecho el Santo.

Los santos tienen bien claro que el aplauso del pueblo no siempre es el aplauso de Dios, y entonces buscan primeramente agradar a los ojos de Dios, antes que agradar a otros ojos. (Gálatas 1.10)

¿QUIÉN DIJO ALGO DE ESTAR SEGUROS?

La segunda regla que los santos rompen es la de la seguridad. Esta es difícil de quebrar no solo porque el auto protegernos y buscar la comodidad personal es un valor cultural, sino porque detrás hay también un impulso biológico.

El «complejo amigdalino» o «amígdala cerebral» es un conjunto de neuronas localizadas en la profundidad de nuestros lóbulos temporales, cuyo trabajo fundamental es el procesamiento y almacenamiento de las reacciones emocionales. Esta amígdala envía proyecciones al hipotálamo, encargado de la activación del sistema nervioso autónomo, a los núcleos reticulares para incrementar los reflejos de vigilancia, paralización y escape, a los núcleos del nervio trigémino y facial para las expresiones de miedo, y a otras áreas para la activación de transmisores de dopamina, noradrenalina y adrenalina, que inhiben o acrecientan tu sensación de alerta.

Ya fuera del lenguaje técnico, la amígdala cerebral fue maravillosamente puesta por Dios en nuestros cerebros para protegernos. Pero desafectada del Señorío de Cristo y de nuestra educación consciente, puede funcionar simplemente como un saboteador personal. Es una resistencia interior a todo lo que nos haga sentir amenazados o inseguros, la cual, pre-condicionada por nuestras primeras experiencias, puede crear en nosotros temores irracionales.

Por ejemplo, si cierto día en tu niñez compartiste un juguete que apreciabas mucho y tu compañerito de juego terminó rompiéndolo, y luego eso te ocurrió más de una vez con diferentes niños, la suma de todas esas experiencias puede hacer que de adulto sientas inseguridad al compartir y por eso te cueste tanto ser generoso.

CUANDO CRISTO ENTRA EN UNA VIDA NADA QUEDA EN EL LUGAR EN QUE ESTABA

O quizás hayas visto una película sobre la caída de un avión en la misma semana en que alguien te contó de su miedo a los aviones, y luego por la noche tuviste una pesadilla en la que te encontrabas en un avión que caía. Esto terminó de definir que te den miedo los aviones aunque estadísticamente, en términos de cifras reales, sea el medio de transporte más seguro del que disponemos.

Al final de la primera parte de la novela «Las Crónicas de Narnia», del grandioso escritor C. S. Lewis, los personajes Lucy y Edmund tienen una conversación respecto al majestuoso león Aslan. En ella, Lucy dice: «*¿Seguros? ¿Quién dijo algo de estar seguros? Por su puesto que él no es seguro, pero él es bueno*».

Aslan es un león y es un guerrero. ¿Cómo va a ser seguro? ¡Obviamente no lo es! Pero es bueno. ¿Y no ocurre lo mismo acaso con Jesús? Él es bueno, pero también es peligroso.

Aslan siempre me pareció una genial representación de Jesús. Cuando él ruge no hay nadie que quede de pie. Cuando Cristo entra en una vida nada queda en el lugar en que estaba. Jesús es impredecible y majestuoso, a la vez que humilde y tierno. Jesús es bueno, pero me hace bien recordar que nada está seguro de no ser cambiado cuando él aparece... ¡y eso también es bueno!

Seguir a Jesús es peligroso. Es arriesgado para la carne, difícil para el egoísmo y se hace casi imposible cuando intentamos poner el yo primero. Jesús fue y es obviamente bueno, pero en muchas ocasiones Jesús fue incómodo. Es útil recordar esto cuando la amígdala cerebral intenta sabotear las decisiones que debemos tomar para servir a Dios.

Los santos están siempre listos para asumir los riesgos necesarios de vivir para Jesús, y ofrecen también, junto con toda su vida, su amígdala cerebral en sacrificio santo y agradable a Dios.

DIOS NO INVENTÓ EL INDIVIDUALISMO

La tercera regla que debemos romper es la del individualismo.

Dios nos hizo únicos y singulares. Sin embargo, nos diseñó para que estemos acompañados y acompañemos a otros. Desde el mismo inicio de la creación, a Dios no le pareció bueno que Adán estuviera solo.

El individualismo hace del individuo su centro, y por eso está en contraposición con los valores cristianos. El individualismo tiene un amor furtivo con su prima la autosuficiencia.

La Biblia nos enseña:

«Nadie tenga un concepto de sí más alto que el que debe tener, sino más bien piense de sí mismo con moderación, según la medida de fe que Dios le haya dado.» (Romanos 12.3)

Y uno de mis más recientes versículos bíblicos favoritos es:

«Cuando falta el consejo, fracasan los planes; cuando abunda el consejo, prosperan.» (Proverbios 15.22)

¡Cuanta verdad! Estar mirando siempre al ombligo de nuestros intereses nos convierte en personas aisladas. Solas. Y, entonces, vulnerables.

Por eso el individualismo está tan alto en el top de prioridades de la agenda del mal. El aislamiento ha sido el principal balcón por el que muchos cristianos se han tirado. Estar solos es antinatural y llegamos allí como consecuencia de velar solo por nuestros intereses. De ponernos siempre primeros en todo. De decidir siempre con el yo adelante, y pensar que no necesitamos a nadie... hasta que lo necesitamos. Hasta que en serio lo necesitamos.

A Dios le interesa transformar personas, y para hacerlo emplea a otras personas. Por eso somos tan necesarios en la ecuación celestial del plan de Dios. Pero atención con la contraparte de esa verdad. Por la misma razón, nosotros necesitamos de otras personas en nuestras vidas. Personas que Dios utilice para que sigamos siendo santificados.

¿Tienes personas que te conozcan bien y te ayuden a crecer en tu fe? No me refiero a un predicador al que escuchas cada domingo.

Me refiero a personas cercanas. Los santos rinden cuentas. Confiesan sus debilidades. Comparten sus dilemas. Piden ayuda. El poeta francés Jean de La Fontaine escribió: «La vergüenza de confesar el primer error, hace cometer muchos otros» y no podría estar más de acuerdo. Sobre todo en el caso de los hombres. ¿Por qué nos cuesta tanto confesar nuestra fragilidad y pedir ayuda? Solo lo hacemos como último recurso. Esa es la regla del individualismo que los santos rompen.

EL SUSURRO DE LA LIBERTAD

Los santos no son perfectos. Son santos porque son amigos del Santo, y porque no se conforman a este mundo. Los santos escogen una vida de amistad con Dios en lugar de una vida de regulaciones y leyes basadas en el temor o la amenaza. Ellos y ellas saben que no es fácil el camino, porque hay demasiadas reglas instaladas en nuestro subconsciente por «la fábrica». Pero de todos modos no detienen su marcha. Están seguros y expectantes, porque saben que la libertad se encuentra en la profundidad de las catacumbas. Allí en la pura adrenalina de estar dando la vida por lo que más vale la pena y en el secreto de una sincera amistad con Dios a la que podemos acceder, no por nuestros méritos, sino solo por su gracia.

Es justamente esa misericordia la que nos susurra desde nuestro interior cuando estamos en silencio ese:

Te amo...

Ven conmigo...

Hazme caso...

Yo quiero hacerte libre...

Antes pensaba que la santidad tenía solamente que ver con la obediencia. Hoy entiendo que tiene más que ver con la libertad.

Juan 8.32
Gálatas 5.13
Colosenses 2.20-23

5

UNA
BENDICIÓN
LLAMADA DUDA

LO QUE CREEMOS
ACERCA DE DIOS
NO SE REVELA
EN LA CONFESIÓN
DE NUESTROS CREDOS,
SINO EN LA MANERA
EN QUE LE HABLAMOS
CUANDO NADIE
NOS ESTÁ ESCUCHANDO.

- NANCY MAIRS

Solo Dios sabe todo lo que es posible saber.

Los mejores científicos tienen en claro que todas las teorías científicas están sujetas a cambios basados en los nuevos descubrimientos que se vayan haciendo, y este concepto se conoce como «realismo crítico». Un verdadero científico de clase mundial es consciente de que, sepa lo que sepa respecto a su materia de especialidad, siempre tendrá más por descubrir y por aprender.

Lo curioso es que, además de los mejores científicos, esto también lo saben todos los niños.

Cuando somos niños hacemos preguntas. Muchas. Si yo hubiera coleccionado una moneda por cada pregunta que me han hecho mis hijitos, sería millonario. Y es porque los niños tienen una preciosa virtud: Humildad intelectual.

LOS NIÑOS TIENEN UNA PRECIOSA VIRTUD: HUMILDAD INTELECTUAL

Los niños no tienen problemas en admitir sus dudas. Pero, ¿qué hay de nosotros? La versión cristianizada de «la fábrica» nos ha enseñado que la duda es lo contrario de la fe. Por lo tanto, creemos que está mal tener dudas.

¿Está mal tener dudas?

¿Quién no las tiene?

Solo Dios.

Las dudas no solo son reales, sino que también son necesarias. Son necesarias para aprender. Para crecer. Y para ser santos.

LA CUNA DE NUESTRAS CONVICCIONES
¿De dónde provienen nuestras más profundas convicciones?

Piensa bien la respuesta.

Tal vez te sorprenda con esta afirmación, pero yo estoy convencido de que mis más profundas convicciones provienen de mis dudas.

Lo que creo en lo más profundo de mi alma, lo creo porque antes lo tuve que dudar. Lo cuestioné. No lo creo porque me lo dijeron, o porque eso era lo que creía la gente que amo. Lo creo porque en algún momento me pregunté «¿creo eso?» y «¿por qué creo eso?». De otro modo, solo me estaría auto convenciendo... hasta que mi fe sea probada.

Por eso siento una especie de cocktail de tristeza y frustración cuando escucho a tantos predicadores populares dar a entender que la duda es siempre lo contrario de la fe. La duda es necesaria para, una vez resuelta, edificar sobre ella una fe madura.

En su libro «La maravillosa aventura de la fe» uno de mis queridos mentores, el genial Mike Yaconelli, escribió acerca de Tomás, el discípulo de Jesús conocido por haber declarado que no iba a creer en la resurrección hasta que no viera las heridas de la cruz en el cuerpo de aquel que los otros discípulos decían era Jesús resucitado. Mike escribió en su libro: *«La mayoría de los teólogos han tachado a Tomás de escéptico. El calificativo "Tomás el incrédulo" representa la interpretación negativa que le han dado al interrogatorio de Tomás, pero yo no estoy de acuerdo. Tomás no estaba dudando de Jesús, sino en esencia anhelándolo. La curiosidad es un hambre del alma, y puesto que Tomás era fuerte, valiente y hablaba con franqueza, era lo suficientemente atrevido para hacer preguntas difíciles. Él no se estaba rehusando a creer, sino a conformarse a una fe de segunda mano».*

Por eso, añade Mike, Jesús honró la curiosidad de Tomás. Jesús legitimó su duda, respondiendo al pedido de Tomás y permitiéndole que tocara sus heridas.

Hoy podríamos preguntarnos: ¿Y por qué esta historia de aparente «falta de fe» está incluida en el maravilloso relato de la resurrección? ¿No hubiera sido mejor contar solo la parte positiva, la del resto de los discípulos maravillados? Muchos motivadores de hoy harían eso, aunque la respuesta que se ha dado durante siglos es que esta era una parte necesaria de la historia porque siempre habrá incrédulos. ¿Será cierto que esta historia está allí, en nuestras Biblias, por eso? A mí se me ocurre que hay otra posible respuesta. Y es que Jesús honró la curiosidad

EL ÚNICO PROBLEMA QUE YO ENCUENTRO CON TENER DUDAS ES QUEDARNOS CÓMODOS CON ELLAS

sincera y sin complejos de este discípulo, y, al dejar esta historia escrita en los evangelios, nos está animando a todos a ser curiosos como Tomás.

A fin de cuentas, los ignorantes no son aquellos que tienen preguntas, sino quienes, teniéndolas, no han hecho nada al respecto...

El único problema que yo encuentro con tener dudas es quedarnos cómodos con ellas. Si nos recostamos a tomar sol en la playa de las dudas, es más que claro que no avanzaremos en cultivar una fe sólida. Pero si comenzamos por confesarlas con honestidad, y decidimos exponerlas ante Dios, hacer algo al respecto y seguir confiando a pesar de ellas mientras buscamos respuestas, esa es la cuna de una fe santa.

LA DISCIPLINA DEL RETIRO

En muy pocas ocasiones he contado que desde hace más de una década que todos los eneros me escapo a un retiro de silencio. Así como conté al comienzo de este libro que me escapé de la rutina para escribir estas páginas, todos los eneros me retiro para pasar tiempo a solas con el Señor y meditar sobre el año que está empezando.

A este retiro llevo muchos libros, y obviamente mi Biblia, pero también llevo un cuaderno vacío. En esas hojas voy a escribir ideas pero sobre todo voy a escribir preguntas. Preguntas que le hago a Dios.

No necesariamente son preguntas teológicas (aunque a veces sí le hago algunas de esas), sino que son más bien preguntas prácticas, como *«¿Cuáles deben ser mis prioridades este año? ¿A qué aspecto de mi carácter tengo que darle especial atención? ¿Cómo puedo ser un mejor líder en mi hogar y en la aldea global en este nuevo año, si me lo permites vivir? ¿A qué tipo de proyectos debo decirle sí y a cuáles no en este año?...»*

Y allí me quedo, hasta que lentamente comienzo a escribir respuestas que son fruto del silencio.

Como vivo en la ciudad de Miami suelo ir a un lugar en la playa, ni demasiado cerca ni demasiado lejos de mi casa. Dejo el teléfono en el auto, y hablo con mi familia en la mañana y en la noche antes de irnos a dormir. Nada más. El resto es silencio, con la excepción de cuando me siento a comer y converso con quien me atienda.

El hacer silencio y el tener preguntas tienen mucho más que ver con la oración de lo que sospechamos. «La fábrica» en su versión cristiana, nos enseñó que orar era «hablar» con Dios. Incluso en algunas iglesias modernas agregamos otras palabras que suenan un poco más seductoras, como «declarar» y hasta «decretar». Pero, ¿y que hay con hacer... silencio? ¿Y qué hay con hacer... preguntas? Muy raramente hacemos estas cosas, y muy raramente nos enseñan en la iglesia que las hagamos. Tanto el silencio como las preguntas incomodan a la gente. «La fábrica» nos desacostumbró a ellas, al punto en que si en nuestras reuniones hay tres segundos de silencio, inmediatamente sube algún músico a rellenar el ambiente para que las emociones «no bajen» y el culto «se sienta» mejor. ¿Y con las preguntas qué pasó? El problema es que en la mayoría de las iglesias estamos demasiado ocupados como para preguntas. Las preguntas son terroristas rebeldes. Nos demandan reflexión y hasta osan reclamar intimidad. Eso parece ser demasiado pedir para la sociedad y la iglesia actuales.

Dallas Willard, el autor y profesor de espiritualidad con quien tuve el privilegio de estudiar en el Fuller Theological Seminary, solía decir que cuando nos retiramos intencionalmente a la soledad nos encontramos con nosotros mismos, y que allí también podemos escuchar el silbo apacible de la voz de Dios en nuestro interior.

> **CUANDO LE DAMOS ÓRDENES A DIOS, NO PASA NADA**

¿Será que no escuchamos la voz de Dios tan seguido porque pasamos demasiado tiempo rodeados de ruido y hablando?

La voz de Dios nos santifica, y por eso la santidad requiere silencio. Tenemos que escucharlo más a él.

Si nuestras oraciones consisten en intentar darle órdenes a Dios, o en tratar de torcer el brazo de su voluntad, siempre van a ser improductivas. El creador de un universo que se sigue expandiendo no obedece ordenes provenientes de una microscópica partícula de polvo llamada planeta Tierra, y mucho menos de una aún más microscópica persona, ni aunque esa persona salga en televisión o tenga un templo lleno de gente. Dios es Dios. Nosotros no.

Y, espero no ofenderte con esto pero... ¿decretar? ¿Qué creemos? ¿Que los ángeles salen corriendo cada vez que escuchan a la profetiza gritar que "decreta" algo? ¿Piensas acaso que se dicen entre ellos: «¡Hey, vamos rápido, hay que actuar rápido, no sea que se le explote la vena de la garganta de dar tantos gritos!»?

Cuando le damos órdenes a Dios, no pasa nada. Él escucha nuestros ruegos y pedidos como cualquier padre que les presta atención a sus niños. Pero, ¿darle órdenes? Es mejor tener en claro que la oración que realmente funciona es la que intenta calibrar nuestra voluntad con la de él, y no adaptar la de él a la nuestra.

El sabio autor del libro de Eclesiastés escribió:

«Todo tiene su momento oportuno; hay un tiempo para todo lo que se hace bajo el cielo: ...un tiempo para callar, y un tiempo para hablar.» (Eclesiastés 3.1,7)

Sepamos cuándo callar delante de Dios, para poder escuchar su voz.

EL FRENO Y EL TIMÓN DE LOS SANTOS

El apóstol Santiago habló mucho sobre la santidad, y en una de sus reflexiones más punzantes nos regaló esta analogía:

«Todos fallamos mucho. Si alguien nunca falla en lo que dice, es una persona perfecta, capaz también de controlar todo su cuerpo. Cuando ponemos freno en la boca de los caballos para que nos obedezcan, podemos controlar todo el animal. Fíjense también en los barcos. A pesar de ser tan grandes y de ser impulsados por fuertes vientos, se gobiernan por un pequeño timón a voluntad del piloto.» (Santiago 3.2-4)

Santiago está hablando de la lengua. Según el apóstol, la lengua tiene más que ver con la santidad que el alcohol, las drogas o los tatuajes.

Controlar la lengua es quizás una de las más difíciles tareas para la raza humana. Por eso Santiago también dice, en los versículos 7 y 8 del mismo capítulo, que el hombre puede dominar a las bestias más intimidantes, pero sin embargo le resulta dificilísimo tomar control sobre sus palabras.

Hacer silencio ante Dios para que él responda a nuestras dudas y preguntas nos prepara mejor para domar nuestras palabras ante los hombres, y para hablar en el nombre del Santo en lugar de pretender hacerlo a él hablar en nuestro nombre.

Nos guste o no, seamos conscientes de esta realidad o no, nuestra habilidad para controlar nuestra lengua tiene más que ver con nuestros éxitos y fracasos que, incluso, nuestros talentos.

Hollywood, la industria de la música y el mundo de las finanzas están llenos de talentosos fracasados. De personas que quizás tienen una habilidad superior a otras personas que son exitosas, pero que por no haber sabido manejar las relaciones humanas y no tener freno o timón en su boca, han tirado por la borda sus posibilidades de progreso. Incluso en los deportes resulta innegable que la habilidad de un deportista para comunicarse y desenvolverse en público incide en su valor de mercado y, por supuesto, en su carrera.

> **LA LENGUA TIENE MÁS QUE VER CON LA SANTIDAD QUE EL ALCOHOL, LAS DROGAS O LOS TATUAJES**

El Rey Salomón se refirió a esta verdad en uno de sus proverbios, diciendo:

«Como naranjas de oro con incrustaciones de plata son las palabras dichas a tiempo.» Proverbios 25.11

La santidad tiene que ver con saber bailar con las palabras y con el silencio. Los santos hacen silencio en el momento preciso, y hablan en el momento indicado.

Nuestras palabras pueden ayudarnos, con igual facilidad, a esquivar tentaciones o a someternos a ellas. Y todos hemos vivido historias en las que decir lo justo en el momento preciso fue, ya bien la puerta de entrada o de salida a una situación de tentación y un posible conflicto.

En mi caso, recuerdo muchas escenas en las que, luego me di cuenta, hablé de más o de menos. Pero hay una escena al final de mi escuela secundaria en la que las palabras correctas esquivaron un consejo inapropiado que tenía el potencial de sembrar una mentira en mi mente.

Siempre fui muy inquieto, pero cuando tenía diecisiete años realmente la energía me desbordaba. En ese entonces jugaba al rugby, que es un deporte muy bruto y que demanda un gran desgaste físico. Pero a mí no me bastaba. Yo practicaba rugby en la escuela inglesa de doble escolaridad en la que estudiaba, y además también en un club. Participaba de al menos dos o tres partidos por semana, además de los entrenamientos. Pero aun así me costaba quedarme quieto. Además de jugar al rugby, yo caminaba todos los días varias cuadras desde la escuela hasta mi casa, y luego también caminaba hasta el conservatorio donde estudiaba música. Con toda esta actividad física, sin dudas estaba dándole un cauce a mi energía. Pero aun así todos los adultos en mi vida pensaban que yo tenía demasiada energía, y constantemente trataban de hacerme quedar quieto.

De más está decir que en la escuela esta híper-energía me metía siempre en líos, ya que cuando terminaba la tarea que me habían asignado, yo comenzaba a distraer a los demás, inventando cosas para reírnos. Por esta razón, una de mis profesoras me obligó a tener una cita con el psicólogo de la escuela, un profesional que venía una vez por semana, porque era voluntario, y que tenía hijos también en el colegio.

La conversación fue curiosa. De entrada, este «profesional» me dijo que le habían dicho que yo iría hablar con él porque era demasiado inquieto. *«Me cuentan que tienes demasiada energía»*, comenzó diciendo. Luego me preguntó qué hacía en mi tiempo libre. Entonces le conté que jugaba al rugby, que estudiaba música, que jugaba el futbol con mis amigos del barrio antes o después de los partidos del rugby, que también asistía a la iglesia, y que me gustaba mucho leer. Recuerdo que me miró lleno de curiosidad, quizás sorprendido porque en medio de la actividad física mencione leer y en seguida dudó por un momento, como si estuviera pensando bien lo que me iba a decir a continuación... Y luego me lo dijo. Este «profesional» me preguntó: *«¿Y tienes muchas relaciones sexuales?»* Lo miré sorprendido, así que rápidamente agregó: *«Un adolescente como tú, que hace tantas cosas y tiene tanta energía, seguramente se puede conseguir una linda novia y descargar toda esa energía también de esa manera... ¿No tienes novia?»*. Lo pensé por un segundo, y mirándolo a los ojos le respondí: *«Qué bueno que me lo pregunta, porque estaba pensando en invitar a salir a su hija... Es un año menor que yo, pero creo que le gusto...»*. Su cara se quedó petrificada, mientras en la mía se dibujaba una sonrisa macabra.

Yo no le conté a nadie lo que hablé con el psicólogo, pero varios de mis profesores me hicieron alusión a esa conversación durante las siguientes semanas, así que obviamente mi respuesta había sido parte de alguna charla, probablemente extraoficial, entre los adultos del colegio. Y cada vez que me lo mencionaban, ellos también sonreían...

Nuestras palabras pueden abrir la puerta para que otros manipulen nuestras emociones, o bien pueden cerrar la puerta, protegiéndonos de la esclavitud, si las sabemos utilizar para establecer fronteras y límites.

Quienes persiguen la santidad están conectados con la Palabra Viva, y por lo tanto saben usar su lengua como timón y no como ancla. Pero llegan a este nivel de dominio propio haciendo preguntas. Y con dudas, no sin ellas. Sin embargo, también son como los niños, que quieren una respuesta, pero que saben confiar cuando papá tan solo sonríe y da entender que la repuesta vendrá más adelante...

El Premio Nobel de Literatura colombiano, Gabriel García Márquez, afirmó en el primer Congreso Internacional de la Lengua Española celebrado en México en 1997, que «*La incredulidad resiste más que la fe, porque se sustenta en los sentidos*». Y es que son justamente los sentidos, el dejarnos llevar por las emociones, lo que nos impide ejercitar el dominio propio y detenernos a escuchar y a preguntar por qué para poder entonces edificar una fe diferente.

Una fe poderosa.

Romanos 12.3
Lucas 2.36
1 Pedro 1.17

LA GRAN
CONSTRUCCIÓN

LA VIDA
SOLO PUEDE
SER ENTENDIDA
MIRANDO HACIA ATRÁS,
PERO DEBE SER
VIVIDA MIRANDO
HACIA ADELANTE.

- SOREN KIEERKEGAARD

Nuestras identidades se construyen.

Las experiencias, relaciones, palabras recurrentes, imágenes e ideas que rondaron nuestros sentidos cuando éramos niños, e incluso adolescentes, nos sobornaron a definir una identidad que ellas construyeron.

La opinión del Gran Arquitecto pudo (o puede) jugar un rol importante, pero al fin y al cabo somos nosotros los que le asignamos autoridad (o no) a todas esas ideas que colaboran para construir quienes somos.

En mi caso, una experiencia que marcó mi identidad ocurrió en enero de 1992, cuando con mi familia nos dirigimos hacia la pequeña ciudad de Máximo Paz, llevando en el automóvil a mi amigo Germán Ortiz. Él había venido desde Campana, una ciudad de unos cien mil habitantes al norte de Buenos Aires, a pasar el fin de semana conmigo. Ambos rondábamos los 20 años de edad, y estábamos comenzando un ministerio para hablarles a los adolescentes de una amistad con Jesús.

Ni bien llegamos al lugar, Germán se descompuso y comenzó a vomitar. Esto nos tomó a todos de sorpresa, porque en el viaje se encontraba bien y apenas si habíamos tomado un café con leche en toda la mañana. Pero vomitaba con fuerza, y se puso amarillo. Mi mamá, que era médica, lo revisó, y como la situación no mejoraba le indicó a mi papá que, por prevención, volviéramos a casa. Durante todo el viaje de regreso, de alrededor de una hora, Germán iba en el automóvil prácticamente desmayado. Le costaba respirar y su color no cambiaba.

Al llegar a casa lo sentamos en un sillón de la sala mientras mi mamá buscaba unos remedios. Mi papá se quedó fuera, pendiente de algo que pasaba con el auto, y entonces Germán me miró con expresión de ruego y me pidió que orara por él.

Lo que sucedió luego... Bueno, siempre tuve dificultad para contarlo, porque lo que sentí fue tan intenso que ni al terminar la experiencia estaba seguro de los detalles de lo que había acontecido. Sí tuve la certeza inmediata de que este había sido un momento definitorio en nuestras vidas. Sabía que habíamos pasado mucho tiempo llorando, y me acordaba que habíamos estado de pie sobre el sofá, y que había visto una visión de miles de adolescentes entregando su vida a Jesús. La experiencia duró un par de horas, y fue tan inesperada como la enfermedad de Germán, quien, dicho sea de paso, ya no tenía nada para cuando terminamos ese tiempo de intensa oración.

Nadie había manipulado nuestras emociones. No nos había conmovido la música, ni habíamos sido impresionados por un gran predicador. Esto ocurrió en mi casa una tarde de sábado, estando mi amigo y yo en una habitación, y mis padres en la otra (allí se quedaron orando cuando notaron lo que nosotros estábamos viviendo).

He contado esta historia en muy pocas oportunidades, y es la primera vez que la menciono en un libro. Esto se debe a que sé que los cristianos de hoy en día solemos hacer doctrina con las experiencias, y muchas veces damos por sentado que si Dios hizo algo con alguien, él va a hacer lo mismo (y del mismo modo) con todos. ¿Es eso en serio lo que enseña la Biblia? Sin duda que no.

También he intentado tener cuidado para no dar a entender que Dios hizo esto conmigo porque yo sea más especial que otras personas. En muchos círculos cristianos, la interpretación sería que si el Señor hizo algo de estas características conmigo, era porque tenía un plan más espectacular para mí que para otros. Sin embargo, desde la perspectiva de Dios, puede significar exactamente lo contrario: que si tuvo que hacer algo así conmigo es porque era la única manera de que alguien tan torpe e inseguro entendiera lo que Dios quería hacer con él.

En resumen, lo que quiero destacar, es que Dios interviene en nuestras vidas. Lo hace de maneras distintas en cada caso, e incluso lo hace respetando las características básicas de cómo estamos diseñados. Dios usa diferentes experiencias para trabajar a nuestro lado en la elaboración de nuestra identidad, y luego en nuestra santificación. Él es el fan número uno de que alcancemos nuestro destino. De que le demos al mundo esa mirada que solo nuestro iris puede dar. Y por eso, sin violar nuestra voluntad jamás, él interviene en nuestras vidas con experiencias especiales que desatascan nuevos procesos.

> **DIOS USA DIFERENTES EXPERIENCIAS PARA TRABAJAR A NUESTRO LADO EN LA ELABORACIÓN DE NUESTRA IDENTIDAD**

La parte que nos toca a nosotros en todo esto es prestar atención a lo que él está intentando hacer en nuestras vidas, y facilitarle el trabajo de moldearnos.

LOS SANTOS SE AUTO LIDERAN

La Biblia cuenta una historia maravillosa acerca de un periodo de reparación en la vida del pueblo judío. Ellos habían sido conquistados por el imperio babilónico, y los muros de Jerusalén estaban destruidos. Sus palacios y el templo habían sido saqueados y abandonados, luego de que la mayoría de los conquistados fueran llevados en cautiverio. Así, la ciudad de Jerusalén estuvo en ruinas por varias décadas, hasta que alguien decidió escribir una historia diferente. Nehemías se levantó como líder y consiguió la confianza necesaria para volver de la cautividad y comenzar a reconstruir el muro. Es una historia muy bella sobre visión, liderazgo y trabajo en equipo que logran reconstruir una ciudad, la identidad y la esperanza de un pueblo.

Jerusalén necesitaba liderazgo, así como tu vida y la mía necesitan liderazgo. ¿Pensaste alguna vez en auto liderarte? Esto no significa que no vayas a necesitar otros líderes y mentores en tu vida, pero la verdad cruda es que todos debemos aprender a liderarnos a nosotros mismos. Debemos aprender a autosugestionarnos, controlarnos, y aun a anticipar nuestras reacciones y a estar preparados para nuestros exabruptos emocionales frente a los impulsos externos. Entender esta realidad nos plantea un trabajo de construcción, o de reconstrucción si es que nuestras vidas ya están en ruinas.

Volviendo a las palabras de Pablo que leímos en Romanos 12.2, el aprender a auto liderarnos tiene que ver con renovar nuestra mente.

Con pensar diferente.

Con actuar distinto.

Con cambiar hábitos que tenemos incorporados.

Marshall Goldsmith, autor del libro «*What Got You Here Won´t Get You There*» («Lo que te trajo hasta aquí no te llevará hasta allá»), ha sido uno de los pensadores de negocios más influyentes en todo el mundo por muchos años. En este libro él identifica 20 malos hábitos que interrumpen el crecimiento de las personas. Si planeas llevar adelante una gran reconstrucción en tu vida, dejando atrás el adoctrinamiento de la fábrica y buscando ser la mejor versión de ti mismo que puedas llegar a ser, entonces estos comportamientos son altamente críticos de evitar.

Aquí te comparto mi paráfrasis de los 20 hábitos nocivos que describe Goldsmith:

1. Obsesionarte con ganar. Hay una diferencia básica entre *desear* ganar y *tener* que ganar. Competir y hacer todo lo necesario para ganar es una cosa, pero no soportarse sin ganar genera actitudes de perdedor.

2. Sobrevalorar tu opinión. La misma Biblia aconseja no ser sabios en nuestra propia opinión (Proverbios 3.7). La tuya vale, y la de los demás también.

3. Ponerle puntaje a todo. La vida no es una competencia sino una posibilidad. La mentalidad de competencia y ventaja confunde nuestras motivaciones, y nos empuja a usar a las personas.

4. Criticar por el placer de criticar. Una cosa es ser exigente, y otra cosa es tener el hábito de encontrar errores en todo. Muchas veces, al encontrar errores conviene callarse. Si ya no se puede hacer nada, mejor tragarse el comentario.

> **LAS PERSONAS PESIMISTAS DESALIENTAN, Y, POR ESA RAZÓN, EL RESTO DE LAS PERSONAS TARDE O TEMPRANO SE CANSAN Y SE ALEJAN DE ELLAS**

5. No interpretar bien los tiempos adecuados para corregir. La corrección es necesaria, y puede que tengamos las mejores intenciones al querer aconsejar a alguien, pero no siempre el mejor momento para la corrección es ni bien fue cometido el error.

6. Publicitar cuán inteligente te crees. El que seas inteligente debe servir para que ayudes a los demás a ser mejores. El que lo publicites ocasionará que los demás quieran probar que no lo eres tanto. Mejor que te alabe el extraño y no tu propia boca (Proverbios 27.2).

7. Hablar cuando estás enojado. Cuando estás fuera de tus casillas, no respondas ni en vivo, ni por teléfono ni en versión digital. Mejor espera a que se te vaya el enojo.

8. Esperar siempre lo peor. Las personas pesimistas desalientan, y, por esa razón, el resto de las personas tarde o temprano se cansan y se alejan de ellas.

9. Guardarte información. El que comparte, invierte. La persona que, pudiendo ayudar a otro, no lo hace por reservarse una ventaja, está sembrando futuras intrigas en vez de futura colaboración.

10. Guardarte el reconocimiento que deberías darle a otros. En la cultura hispana tenemos este prejuicio negativo de que el reconocimiento puede inflar el ego de las personas. Pero, en la práctica, quien se siente reconocido tiene menos necesidad de hacer cosas tan solo para llamar la atención.

11. Robarte el crédito de otros. No tengas miedo de que otros brillen. Eso no te va a opacar a ti. Incluso aun cuando sepas que hay merito tuyo en un logro, siempre resalta el trabajo de los demás.

12. Tener excusas para todo. Quien se excusa se acusa. Los santos saben reconocer cuando se equivocan, y aceptan su responsabilidad sin echar culpas a otros.

13. Retener el pasado. Aferrarse al pasado suele esconder carencia de fe. Falta de fe en Dios. Falta de fe en nosotros, y falta de fe en otros. El apóstol Pablo decía: «*una cosa hago: olvidando lo que queda atrás y esforzándome por alcanzar lo que está delante*» (Filipenses 3.13). Él tenía claro que no se puede hacer nada por cambiar el ayer, sino que debemos auto liderarnos en nuestro hoy, y de aquí en adelante.

14. Jugar a los favoritos. Uno de los vicios más comunes de los peores líderes es cambiar totalmente su escala de valores según con quién están. Esta inconsistencia del carácter no solo lastima a los liderados, sino también al mismo líder, quien nunca logra ser lo suficientemente confiable como para ampliar su círculo de influencia.

15. No pedir perdón. Uno de los hábitos más abiertamente condenados en la Biblia es no reconocer cuando estamos equivocados y, sobre todo, no pedir perdón. Este hábito revela egolatría e inseguridad.

16. No escuchar. Este hábito delata a gritos un completo desapego por las realidades de otros y la idea de que solo importa lo nuestro. No escuchar a otra persona es igual a decirle «Tú no vales nada para mí».

17. No agradecer. El agradecimiento es una señal de buenos modales y, además, de buenos instintos para los negocios. Quien no se siente compensado por mis muestras de aprecio, nunca más va a querer ayudarme. Debemos mostrarnos agradecidos incluso con aquellos que apenas si merezcan nuestro agradecimiento. Decir «Gracias» es dar gracia. Y cultivar el hábito de hacerlo catapulta nuestras posibilidades de influenciar positivamente en otros.

> **NO HAY MANERA DE CRECER SIN CAMBIAR**

18. Castigar al mensajero. A nadie le gusta que le den malas noticias, pero usualmente las personas que nos dan esas noticias son las que más nos aman. Lo triste es que es precisamente con esas personas con quienes nos sentimos más seguros de dar rienda suelta a nuestras emociones, y por eso las tratamos injustamente mal cuando lo único que hicieron fue decirnos la verdad o intentar ayudarnos. En el ámbito laboral, cuando un jefe maltrata a un empleado por contarle que algo salió mal, está dándole un mensaje el resto de empleados de que no es conveniente decir la verdad. Fabrica así un ambiente toxico de trabajo, lo que siempre termina por generar peores resultados.

19. Culpar a otros. Este es un hábito similar al de dar excusas, pero apuntando esa excusas directamente hacia otras personas.

20. Conformarse con pensar «Yo soy así». Este hábito está en completa oposición con las ideas fundamentales de este libro, y es quizás la señal más evidente de que alguien ya se ha rendido frente al sistema.

Al compartirte esta lista no puedo dejar de confesar que muchos de estos hábitos han sido, o todavía son, luchas en mi propia vida. Indagando en mi conciencia puedo ver con claridad varias escenas en las que fui culpable de muchos de estos comportamientos negativos. Sin embargo, para no caer en el último mal hábito mencionado por Goldsmith, debo decir que una cosa es que alguna vez nos comportemos así, y otra diferente es que esas conductas sean hábitos que practicamos continuamente.

De todos modos, lo que me preocupa es que en la cultura popular de la iglesia posiblemente estos hábitos nunca sean parte de las mismas conversaciones en las que se habla de la santidad. Sin embargo, ¿no crees que modificar estos malos hábitos es un excelente punto de partida para colaborar con Dios en la formación de nuestro carácter e, incluso, de nuestra identidad?

ES POSIBLE CAMBIAR
John P. Kotter, profesor de liderazgo en la universidad de Harvard y columnista de su revista «Harvard Business Review», enseña que cuando las grandes compañías pretenden innovar constantemente, resulta muy importante celebrar las pequeñas victorias.

El cambio siempre es necesario para el crecimiento y la santificación, porque no hay manera de crecer sin cambiar, y no hay manera de ser santos si no continuamos siendo transformados. Aunque los que demos sean pasos de bebé, y el cambio en un comienzo sea imperceptible, debemos continuar cambiando y celebrar cuando logramos hacer algo de una manera distinta.

Kotter resalta que cuando los líderes de una empresa desean establecer una visión estratégica eficaz para toda la compañía, eso tiene que hacerse tangible en actividades de todos los días. Este principio, traducido al ámbito de auto liderarnos, indica que el cambio a largo plazo se debe reflejar en compromisos prácticos respecto a lo que vamos a hacer diferente HOY.

Revisa la lista de Goldsmith...

¿Cuáles de esos hábitos están presentes en tu vida?

¿Qué querrá Dios que hagas con ellos?

¿Cómo puede la acción del Espíritu Santo ayudarte a ser libre de esos hábitos?

¿Qué será lo que el Espíritu Santo quiere ver en ti para ayudarte?

¿Qué puedes hacer diferente la próxima vez que notes la fuerza con que estos hábitos te dominan?

Cada uno de nosotros es un ejecutivo en la empresa de su propia vida. En la construcción, o incluso en la reconstrucción, de su presente y de su destino. Por esto es necesario que nos levantemos como los nuevos Nehemías, dispuestos a no detenernos ante las críticas, el desánimo o la indiferencia.

Y Dios intervendrá. A veces lo hará de forma dramática, como me ocurrió a mí en enero del 1992. Otras veces lo hará sigilosamente, jugando a las escondidas, como en la mayor parte del resto de mi vida. Incluso sospecho es que esa es su manera más usual de actuar. ¿Es posible que sea ese su modo favorito de jugar? En lugar de interrumpir nuestras vidas de manera tempestuosa, él prefiere mantenerse escondido en los lugares cotidianos para que podamos encontrarlo. Y, cuando lo hacemos, él nos anima a través del susurro de su Espíritu a decidir lo que es correcto, y nos da fuerzas sobrenaturales para que podamos dejar atrás cualquier hábito negativo que hayamos heredado o aprendido y que esté interrumpiendo nuestra emocionante aventura hacia la santidad.

¿Estás liderando en tu vida la construcción de un «yo diferente», con la guía del Espíritu Santo?

¿Qué esperas para hacerlo?

Mateo 3.11
1 Pedro 1:9
1 Corintios 9.26

LECTIO
DIVINA

LA PRUEBA DE
LA MADUREZ ESPIRITUAL
NO ES QUÉ TAN PUROS
SOMOS, SINO QUÉ
TAN CONSCIENTES ESTAMOS
DE NUESTRA IMPUREZA,
YA QUE ESTA TOMA
DE CONCIENCIA ES
LA QUE ABRE LA PUERTA
A LA GRACIA DE DIOS.

- PHILIP YANCEY

En las iglesias de hoy pasamos tanto tiempo hablando de Dios, y aparentemente sirviéndolo, que ya no tenemos tiempo para él. Le hablamos, le cantamos, recordamos sus historias... pero no lo escuchamos a él. ¿Será por eso que nos cuesta tanto ser santificados?

Hace algunos años me invitaron a predicar en un evento de una iglesia en la que el solamente mencionar la palabra baile hacía que algunas señoras se tuvieran que ajustar la enagua. Para esta iglesia, el bailar era el acto más diabólico al que se pudiera entregar un ser humano.

Cuando llegué allí, yo tenía la mejor intención de portarme bien. Pero al conversar con algunos de esos jóvenes y notar que su forma de hablar, de comportarse y de vestirse estaba tan en contraposición con su contexto, sucumbí a la tentación de provocarlos a pensar (aun cuando esto implicara meterme en problemas).

En el primer mensaje que tenía a mi cargo, durante la noche de apertura, me comporté bastante bien. Incluso mantuve la calma durante la mañana siguiente, aunque dije un par de cosas que habrán despegado los peluquines de algunos hermanos mayores. Pero para la tarde, ya mis radares habían detectado demasiados legalismos, y no pude contenerme... Arranqué mi mensaje con la siguiente pregunta: «*¿A quiénes aquí les gusta bailar?*»

Tal vez en tu contexto el hablar de bailar sea lo más normal del mundo, pero para esta gente fue la pregunta más extraña que jamás hubieran imaginado escuchar en la iglesia, sobre todo proviniendo de los labios de un predicador. Tuve que insistir, así que repetí: «*¿A quiénes aquí les gusta bailar?*». Y luego me vi en la obligación de aclarar: «*Tranquilos, no estoy preguntando quién sale a bailar a escondidas de sus padres. La pregunta es a quién "le gusta" bailar... Si a alguien le gusta, póngase de pie por favor*».

Ante la mirada atónita de todos, una chica se puso de pie. (Después me enteré de que la joven solo llevaba algunas semanas asistiendo a esa iglesia, por lo cual, aunque ya se había dado cuenta de que el ambiente era tenso, todavía no estaba lo suficientemente adoctrinada como para sentir temor de expresar sus gustos.)

Quizás te deje con mucha intriga al no contarte lo que sucedió luego, pero sí voy a decirte que esa noche me hice consciente de algo. Observé lo importante que es preguntarnos si lo que creemos es opinión de Dios, o si simplemente se trata de una cuestión cultural. ¿Hay algún texto bíblico que condene abiertamente el bailar? ¿Hay algún principio bíblico que estaríamos contradiciendo al bailar? ¿Estamos interpretando los textos bíblicos de la misma manera en que el autor original quiso que los interpretemos?

Espero que entiendas que estas son preguntas que van más allá del baile, y que tienen que ver con una búsqueda genuina de sujetarnos a la voluntad de Dios.

EL REGALO DE LA LEY
Una lectura inteligente de la Biblia no solamente regala conocimiento a nuestras mentes sino que también siembra obediencia en nuestros corazones.

La ley nos expone ante Dios, recordándonos que sin su gracia la vida cristiana es imposible. Por eso el problema de olvidar la ley no es solamente que nos perdemos el consejo de Dios, sino que también perdemos de vista nuestra necesidad de gracia.

¿Será ese el más poderoso engaño de Satanás?

En la doctrina popular de las iglesias cristianas de hoy, se suele catalogar al Antiguo Testamento como «la era de la ley» y al Nuevo Testamento como «la era de la gracia», pero... ¿te preguntaste alguna vez cuál fue la motivación de Dios al darle las tablas de la ley a Moisés?

¿Qué albergaba el corazón del Padre al darle los diez mandamientos al viejo libertador de Israel?

¿Y qué de las otras leyes? Los autores de los más respetados diccionarios bíblicos nos indican que las leyes morales, rituales e higiénicas del Antiguo Testamento eran más de 600. ¿Acaso Dios no sabía que las personas no iban a poder cumplirlas todas?

Claro que sabía.

UNA LECTURA INTELIGENTE DE LA BIBLIA NO SOLAMENTE REGALA CONOCIMIENTO A NUESTRAS MENTES SINO QUE TAMBIÉN SIEMBRA OBEDIENCIA EN NUESTROS CORAZONES

La nueva luz que encontramos en el Nuevo Testamento, y sobre todo en Jesús, evidencia que las leyes fueron dadas por Dios para ayudarnos a vivir mejor, pero no para salvarnos.

La salvación nace en la gracia de Dios.

«Porque por gracia ustedes han sido salvados mediante la fe; esto no procede de ustedes, sino que es el regalo de Dios, no por obras, para que nadie se jacte.» (Efesios 2.8-9)

Y siempre fue así.

Cuando se habla de Génesis 22, la historia en que Abraham llevó a Isaac al monte de Moria para sacrificarlo, la mayoría de predicadores modernos suelen poner el énfasis en la increíble obediencia de Abraham, quien conmovedoramente estuvo dispuesto a sacrificar a su hijo amado. Sin embargo, hay algo más en esa historia que solemos perder de vista por estar tan lejos de los detalles del contexto de la escena histórica.

Ubiquémonos para comprender mejor. Abraham es considerado el padre del judaísmo y también del islamismo, y ambas religiones ubican su ciudad de origen como Ur, en la región de Caldea. Esta era una antigua ciudad sumeria a la orilla oeste del río Éufrates, donde se encuentra actualmente Iraq. Abraham no tiene un origen de siglos y siglos de monoteísmo como nosotros. Él y su familia estaban rodeados de personas que creían en varios dioses, cuyos apetitos debían ser saciados y sus deseos cumplidos de diversas maneras, para que los fenómenos naturales fueran bondadosos con los sembrados que les proveían de comer a ellos y a sus ganados. Los dioses creados por los sumerios han sido siempre muy difíciles de definir para los historiadores, porque cada pueblo sumerio había prácticamente creado su propia religión asumiendo que cualquier fuerza de la naturaleza que no pudieran explicar, era un dios. Sea el sol, la luna, un río, la lluvia y el viento, todas eran fuerzas de las que ellos dependían para subsistir, y por eso habían creado ritos con la esperanza de que estas fuerzas los favorecieran. El problema era que nunca nada de lo que hacían era suficiente.

Si habían tenido un buen año, al año siguiente tenían que dar más para ser agradecidos y no ofender a ese dios. Y si habían tenido un mal año, entonces también tenían que dar más, porque probablemente el año anterior había sido malo por no haber dado lo suficiente.

Este contexto politeísta lógicamente originaba una profunda ansiedad en toda la gente de la región incluyendo a los familiares y conocidos de Abraham. La presión era tal, que muchos pueblos habían cedido ante esta ansiedad, llegando a sacrificar personas, incluso a sus propios hijos, con tal de satisfacer a las deidades.

Igual que en Teotihuacán en México o el caso de los Incas con la «capa cocha» en el Perú, un ritual por el que cada año las aldeas enviaban a Cuzco (donde se encuentran las bellas ruinas de Machu Pichu) uno o dos niños de entre 6 y 10 años aunque ahora se estima que en realidad tenían entre 8 y 15 años para ser sacrificados.

Piénsalo: ¿por qué la Biblia no menciona instrucciones respecto al sacrificio de Isaac? Porque Abraham ya sabía lo que tenía que hacer. Para Abraham no era inusual que un dios demandara el sacrificio extremo de un hijo, y su

NO ES POR TEMOR, NI POR UNA OSCURA NEGOCIACIÓN INTERESADA, QUE ABRAHAM DEBE OBEDECER

obediencia no fue diferente a la de los incas o los olmecas que hicieron lo mismo. Lo diferente en esta historia es el final.

Lee con cuidado:

«Cuando llegaron al lugar señalado por Dios, Abraham construyó un altar y preparó la leña. Después ató a su hijo Isaac y lo puso sobre el altar, encima de la leña. Entonces tomó el cuchillo para sacrificar a su hijo, pero en ese momento el ángel del Señor le gritó desde el cielo:

—¡Abraham! ¡Abraham!

—Aquí estoy —respondió.

—No pongas tu mano sobre el muchacho, ni le hagas ningún daño —le dijo el ángel—. Ahora sé que temes a Dios, porque ni siquiera te has negado a darme a tu único hijo.

Abraham alzó la vista y, en un matorral, vio un carnero enredado por los cuernos. Fue entonces, tomó el carnero y lo ofreció como holocausto, en lugar de su hijo. A ese sitio Abraham le puso por nombre: "El Señor provee"...» (Génesis 22.9-14)

¿Un Dios que provee antes del sacrificio? Esta era una idea revolucionaria para la psiquis de Abraham. Era la confirmación de que su Dios era diferente. Único.

El Señor. Un Dios de gracia.

Sin intentar ofenderte a ti, ni a ninguno de mis colegas conferencistas cristianos que han hecho bellos mensajes alegóricos con esta historia, debo decir que nunca me conformé con las explicaciones que escuché acerca de este relato. Desde que, siendo muy pequeño, vi por primera vez en el pulpito de mi congregación a mi papá llorar al contar esta historia, supe que algo no estábamos entendiendo bien sobre lo que había pasado en el monte de Moria.

Intentar aplacar las fuerzas y los poderes de los dioses era lo normal para el contexto de Abraham. Lo diferente es que este mismo Dios que algunos capítulos antes le pidió que dejara la casa de su crianza, va a proveer él mismo por el sacrificio y va a bendecir a muchos a través de la obediencia de Abraham a su llamado.

Ya no es por temor, ni por una oscura negociación interesada, que Abraham debe obedecer.

Dios no cambió de opinión cuando vio a Isaac en el altar. El Dios de Abraham interrumpe el final de ese relato para revelar un plan distinto. Con Él, la obediencia será por amor. Será el agradecimiento a un Dios que toma la iniciativa y provee de ley y de gracia para poder caminar a su lado lo que identifique al pueblo que Dios quiere.

La ley de Dios es un regalo a la humanidad, como todo lo que Dios nos ha dado. Su gracia no aparece de sorpresa en el Nuevo Testamento...

«Yo, el Señor, no cambio...» Malaquías 3.6

«Dios no es un simple mortal
para mentir y cambiar de parecer.
¿Acaso no cumple lo que promete
ni lleva a cabo lo que dice?» Números 23.19

Dios regala las tablas de la ley a Moisés para proteger a su pueblo. Sus reglas no nacen de prejuicios absurdos sino de un corazón amoroso que provee.

UNA CONFRONTACIÓN SANTA

Hace 18 siglos, un joven egipcio llamado Antonio comenzó una disciplina espiritual que luego se conoció como «Lectio Divina». Antonio escuchó un sermón acerca de esa historia contada en el evangelio de Mateo capítulo 10, donde Jesús le dice a un joven rico que venda todo lo que tiene y le siga, y Antonio decidió hacer eso. Literalmente.

Antonio vendió todo lo que tenía y eligió irse al desierto a vivir solo. Lo más extraño es que, viendo su devoción, otros pensaron que era una buena idea seguirlo... Y así nació el movimiento de los «eremitas» o «ermitaños». La iglesia cristiana ortodoxa rusa y la iglesia griega se refieren hoy a Antonio como San Antonio o Antón Abad.

> **LECTIO DIVINA SE TRATA DE CREAR UN ESPACIO PARA QUE DIOS NOS HABLE Y NOS CONFRONTE CON SU PALABRA**

¿Qué es la Lectio Divina? No es solamente un nombre en latín para un tiempo de devoción común. No se trata de informarnos de la palabra de Dios, sino de ser formados por ella. El énfasis de la Lectio Divina no está en leer rápido la Biblia y hacer una oración, sino en repetir pausadamente, ya sea un verso corto de la Biblia o incluso una sola palabra, hasta que, a través de la acción del Espíritu Santo, ese texto nos habla de manera personal.

Yo sé que lo de "repetir" nos suena raro a quienes fuimos criados en el ámbito evangélico. Pero esta no es una repetición supersticiosa. Lectio Divina consiste en «masticar» la Biblia, historia por historia, palabra por palabra, confiando en que Dios está allí escondido tratando de revelarse a nosotros. Lectio Divina se trata de hacer preguntas con pausa, hasta encontrar respuestas.

No es una disciplina complicada. Todo lo que debemos hacer es leer una historia o un párrafo con serenidad y atención hasta que descubrimos algo que no habíamos visto antes, y el asombro nos pega en el corazón. Lectio Divina se trata de crear un espacio para que Dios nos hable y nos confronte con su palabra. Un tiempo para que el Gran Arquitecto nos desarme y nos vuelva a armar.

Aristóteles, el gran filósofo griego, afirmó que somos lo que repetidamente hacemos. La santidad no es un acto, sino un hábito. La Lectio Divina no se trata de empacharnos de Biblia en un instituto bíblico, sino de crear el hábito de ser corregidos y moldeados por la voz de Dios. Lectio Divina comienza con una palabra, un versículo, una foto o un susurro de Dios que nos lleva a ver con una nueva y poderosa luz su gracia, sus planes y su diseño creativo en nosotros.

LAS CUATRO PAUSAS

Lo que es fundamental entender es que la Lectio Divina no se encuadra en algunos pasos automáticos que podemos aprender. Dios es siempre creativo en su manera de hablar a nuestros corazones, y usualmente la manera que él elija utilizar en cada caso tendrá que ver con las múltiples formas de aprendizaje que puso en nuestra individualidad. Sin embargo, hay algunas pausas que tenemos que hacer frente a su Palabra para darle la oportunidad de actuar. Históricamente, al referirse a la Lectio Divina, se ha hablado de los siguientes pasos:

1. La lectura, que debe ser intencionalmente lenta. No con la idea ingenua de que terminar un plan de lectura de la Biblia completa sea el gran logro que necesitamos. Esta lectura no se trata de cantidad, sino de calidad. Se trata

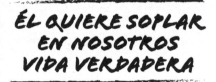

ÉL QUIERE SOPLAR EN NOSOTROS VIDA VERDADERA

de leer para escuchar, y no de leer para cumplir.

2. La meditación, que debe concentrarse en lo que el texto quiso decir a sus lectores originales, y en si hay algo que debe ser redescubierto.

3. La oración, que consiste en preguntarle a Dios lo que el texto quiere decir para la aventura particular que nos toca vivir a nosotros.

4. La contemplación, que descansa en la esperanza de que con la ayuda de Dios es posible ver cambios en nuestra percepción de la verdad y sobre todo en nuestra conducta, y en su poder podemos aplicar esas lecciones y poner en práctica esos cambios que ahora "vimos" como resultado de la lectura.

Lo sé. Yo también recuerdo esos campamentos donde teníamos media hora para hacer nuestro devocional debajo de un árbol y a los 5 minutos yo ya había leído lo que me tocaba, y estaba pensando en cualquier otra cosa que no tenía nada que ver con el devocional.

Por eso llamo a estos pasos «pausas». Debemos aquietarnos. Silenciarnos. Repetir el proceso. Volver a empezar. Perseverar en la búsqueda del verdadero Jesús, que se esconde como un niño pequeño jugando al escondite, que disfruta que lo busquen y lo busquen, pero que a la vez se muere de ganas de ser encontrado cuanto antes.
Algunas preguntas que todos deberíamos hacernos son:

¿En serio creo que la Biblia es la Palabra del Dios creador del universo, quien me conoce como nadie más me puede llegar a conocer y me ama como nadie más me puede llegar a amar?

¿De verdad deseo que mi vida sea santificada?

¿Es la santificación algo que hago yo por él, o algo que él hace por mi cuando estoy con él?

La primera escena de la historia humana relatada en el libro de Génesis nos muestra a Dios soplando vida en el ser humano. Esa ha sido siempre, y sigue siendo, la intención de Dios para sus hijos. Él no se conforma con que sobrevivamos a una leve existencia. Él quiere soplar en nosotros vida verdadera.

Génesis 2.7
Mateo 7.7
Romanos 8.11

LA
ADMINISTRACIÓN
SAGAZ DE LAS
TENTACIONES

NADIE
ESTÁ GRADUADO
EN EL ARTE
DE LA VIDA
MIENTRAS NO HAYA
SIDO TENTADO.

- MARY ANNE EVANS

Sueños abandonados, voluntades quebradas y cristianos por debajo de su potencial suelen tener un detonante común: alguien cedió a la tentación.

¿Por qué cedemos a las tentaciones con tanta facilidad?

Nadie con su equipo mental funcionando se levanta un día y dice: «*Hoy voy a hacer un desastre con mi vida, lastimar a mucha gente y hacer que otras personas pierdan su fe*». No, no sucede así.

Todo comienza de a poco.

Mucho antes de que nadie se entere. Empieza con un flojo «sí» en un momento de soledad, o, como ya vimos antes en el libro, un indiferente «no», como negativa a hacer algo que Dios nos invitaba a hacer.

La tentación emerge sigilosamente dentro de un corazón descuidado y de una mente que no ha cuestionado sus convicciones antes de que sean cuestionadas por otros.

Recuerdo cuando era niño y un famoso predicador, que en ese entonces era muy respetado, cometió adulterio, y su flaqueza fue empleada por la televisión para burlarse de la Iglesia. Al principio nadie podía creer que fuera verdad, y hasta me acuerdo que mi mamá no podía creerlo incluso después de que él mismo lo reconociera llorando por televisión. ¡Qué dolor! Lo que se me hizo obvio al escucharlo es que esa historia no había comenzado el día en que la noticia salió a la luz.

> **LA TENTACIÓN EMERGE SIGILOSAMENTE DENTRO DE UN CORAZÓN DESCUIDADO**

Probablemente por un error de papeleo de los ángeles, Dios me ha dado el curioso privilegio de trabajar en muchos sectores bien distintos y distantes del cuerpo de Cristo. He pastoreado en más de un país, y para denominaciones totalmente diferentes. He trabajado para diversas organizaciones y al viajar por el mundo compartiendo con cristianos de todo tipo tengo la posibilidad de ver y escuchar tantas historias que he podido notar al menos tres puertas que usualmente han quedado sin llave antes de que ocurra una caída estruendosa.

1. **Creerse superados**
2. **Aislamiento**
3. **Temor a la vulnerabilidad**

CREERSE SUPERADOS

Aun el más respetado ministro de la palabra, o el líder de alabanza que se cuelga de la nube en conciertos que se sienten tan santos, tiene que reconocer que es un pecador. Somos pecadores, y a menos que Jesús estuviera equivocado, no hay bueno ni aun uno (Mateo 19.17). Sí. Ni siquiera ese de traje raro, que siempre está conmovido y haciendo milagros en TV, es justo por sus propios méritos. Todos tenemos una necesidad desesperada de Dios y no podemos confiarnos de nuestra propia justicia. Por eso en la Biblia encontramos este consejo:

«Por lo tanto, si alguien piensa que está firme, tenga cuidado de no caer.» (1 Corintios 10.12)

El que cree estar exento de pecar, ya dejó sin llave una puerta peligrosa. Además Mr. Satán tiene a los líderes como su blanco preferido, y la Biblia es clara en prevenirnos que el diablo está atento a nuestros pasos y por eso nosotros tenemos que estarlo incluso más que él.

Los cristianos que se creen superados y confían en que ya se graduaron del pecado están cometiendo un error de ingenuidad.

AISLAMIENTO

En un capítulo anterior aclaramos que Dios inventó la individualidad. El individualismo, por el contrario, lo inventó la sociedad del siglo pasado. Dios nos diseñó para trabajar en equipo. Para ayudarnos los unos a los otros. Para vivir en comunidad, en familia y con amigos.

La gran paradoja de la experiencia cristiana es que, en muchos ámbitos, los cristianos más aislados son los líderes. Ya sea porque se van a misionar a un lugar lejano o porque están a cargo de una congregación en la que fabricaron una plataforma por la cual nadie les puede decir nada negativo, lo cierto es que muchos se quedan solos en el liderazgo cristiano. Se han alejado de todo contacto con la civilización

EL QUE CREE ESTAR EXENTO DE PECAR, YA DEJÓ SIN LLAVE UNA PUERTA PELIGROSA

y viven dentro de la burbuja de su ministerio unipersonal. El problema es que cuando aparece la tentación, también están solos, y no tienen de quién agarrase. Todo en ellos es tan misterioso, tan secreto y solitario, que pronto solo cuentan con su propio criterio para discernir lo que está bien y discriminarlo de lo que está mal... y esto puede llegar a ser muy engañoso.

No importa cuántos años tengamos de cristianos, ni cuán reconocidos seamos como líderes, todos necesitamos amigos que nos sostengan y nos corrijan y mantengan en el camino. Personas reales que puedan decirnos cuando consideran que estamos equivocados y nos llamen la atención si estamos en terreno peligroso.

TEMOR A LA VULNERABILIDAD

En los altares de muchas iglesias existe el mito del súper cristiano. Este mito fue creado por generaciones y generaciones de líderes cristianos que nunca hablaban de sus debilidades y pecados. Uno los escuchaba y jamás había nada negativo en sus vidas. No tenían problemas en su familia y nunca tenían tentaciones. ¡Wooow! ¿Será que creían ser mejores que Jesús? Cuando hablaban de sus familias o de sus ministerios todo era ejemplar, y no tenían ninguno de los problemas que tenemos el resto de los mortales.

Y para agravar más la situación, resulta que los cristianos somos el único ejército que mata a sus heridos. Muchos cristianos han visto como otros cristianos han sido avergonzados, no solo por su pecado al ceder a la tentación, sino por la iglesia. En vez de ser corregidos con amor, ayudados y restaurados, fueron tratados con desprecio. La consecuencia de esto es que, luego de ver estas escenas, aquellos cristianos que son tentados y todavía no cedieron sienten temor de confesar su debilidad. Jesús dijo que tirara la primera piedra el que no tenía pecado. Este era un Jesús que estuvo atento a corregir pero siempre con amor.

Lo que no nos damos cuenta es que admitir que somos vulnerables a las tentaciones nos protege de ellas. Confesar que tenemos problemas, que necesitamos ayuda, o incluso confesar cuáles son nuestras tentaciones a personas importantes en nuestras vidas, todo esto nos permite encontrar el apoyo que necesitamos para administrarlas y vencerlas.

Por otro lado, el no admitir que somos vulnerables al pecado no solamente evidencia una absoluta desconfianza en otras personas, sino también falta de humildad, y desprecio por la increíble gracia de Dios.

EL PODER DEL CEREBRO

La neurociencia, que se dedica al estudio biológico del cerebro, recién está dando los primeros pasos para intentar descifrar cómo funciona lo que en el lenguaje popular conocemos como «fuerza de voluntad». Ubicar en el cerebro la fuerza de voluntad, no es sencillo. Los investigadores todavía están haciendo múltiples intentos por averiguar científicamente cómo es que esos miles de millones de células llamadas neuronas generan resultados particulares, y qué circuitos hacen qué cosa. Sin embargo, recientes experimentos han dado algunas pistas.

Por ejemplo, cuando intentamos perder peso y nos enfrentamos con diferentes opciones de comida, los científicos creen que hay dos grandes factores que influyen sobre la decisión que tomamos: lo que percibimos del sabor y lo que creemos acerca de la salud.

Si prestas atención, notarás que lo primero tiene que ver con nuestras sensaciones y lo segundo con nuestras convicciones. Otra vez aparece el dilema entre lo que sentimos y lo que creemos o sabemos. ¿Interesante cierto?

En años recientes, y gracias a las imágenes por resonancia magnética funcional (fMRI según sus siglas en inglés), la neurociencia ha podido ver cómo la región del cerebro llamada corteza prefrontal ventromedial se activa al valorar opciones relativas a qué comemos, e incluso al tomar decisiones monetarias o sexuales. ¿Te preguntaste alguna vez qué relación tienen la comida, el dinero y el sexo? Piensa en lo que cada una de estas cosas nos proporciona, y verás que hay dos palabras clave en común: placer y seguridad. En el caso del sexo hay que ser un poco más agudos para notar la relación con la seguridad, pero las historias de miles de divorcios dan testimonio de que el origen de

> **ADMITIR QUE SOMOS VULNERABLES A LAS TENTACIONES NOS PROTEGE DE ELLAS**

muchas infidelidades no es la atracción física sino el interés por poseer lo que le pertenece a otra persona como modo de aumentar la propia autoestima.

Muchos laboratorios de compañías multinacionales se encuentran actualmente estudiando los factores químicos del cerebro, expectantes de algún día encontrar fármacos que permitan al ser humano hacer una administración perfecta de las tentaciones, y esto, no porque sean cristianos, sino porque esto solucionaría muchos problemas. Por el momento solo han logrado fabricar diversas drogas para regular distintas sensaciones fuertes. Por ejemplo, seguramente habrás notado el aumento de publicidades de pastillas contra la depresión.

Ejercer un pleno control sobre uno mismo parece ser el ideal perseguido por la humanidad, independientemente de la cultura de que se trate. Dicho de otro modo, el dominio propio es quizás la virtud más anhelada en toda la historia de la sociedad humana, sea cual sea la religión (o la falta de ella) de los individuos.

¿Será que, en lo más profundo de nuestro ser, hasta la persona más atea anhela la santidad?

Molly Crockett, neurocientífica y profesora de Psicología Experimental de la Universidad de Oxford, sugiere con sus colegas en distintos estudios y conferencias, que lo que debe utilizar el ser humano para administrar sus tentaciones es el «compromiso previo», es decir el restringir voluntariamente el propio acceso a la tentación.

¿No relacionas esta afirmación con un consejo dado por Pablo a Timoteo hace muchos años?

En 2 Timoteo 2.22, Pablo escribe:

«Huye de las malas pasiones de la juventud, y esmérate en seguir la justicia, la fe, el amor y la paz, junto con los que invocan al Señor con un corazón limpio.»

No nos debiera llamar la atención que luego de 2000 años, los científicos de hoy nos dan el mismo consejo que la Biblia. Ante la tentación, conviene huir. O, dicho en palabras más sofisticadas, debemos «restringir voluntariamente nuestro acceso a la tentación».

¿En qué consiste esto en términos concretos? Ni más ni menos que en sacar tu compu de la habitación si ese es tu acceso a la pornografía. Nunca estar a solas con tu novio o novia en tu cuarto si no quieren tener sexo antes de casarse. No comprar comida alta en calorías en el supermercado, y no permitir que lo haga quien cocine en tu casa, si quieres tener autocontrol cuando abres el refrigerador.

LUEGO DE 2000 AÑOS, LOS CIENTÍFICOS DE HOY NOS DAN EL MISMO CONSEJO QUE LA BIBLIA

Nunca aceptar tener nada que no es tuyo sin que el dueño sepa que lo tienes. No quedarte a solas con alguien del sexo opuesto en una situación ministerial sin que alguien pueda verlos y entrar con libertad. No practicar ese deporte que tanto te gusta hasta que estés seguro de que podrás evitar insultar y golpear a tus amigos cuando no vayas ganando.

La Biblia es clara que debemos «huir» del pecado y a la vez nos enseña que debemos «resistir» al diablo. Sin embargo, muchas veces lo que intentamos es exactamente lo opuesto. Hacemos lo posible por huir del diablo y resistir las tentaciones.

Los laboratorios multinacionales y las distintas disciplinas científicas seguirán investigando si podemos alterar nuestras funciones cerebrales con fármacos o con consejería conductiva, o incluso con estimulación magnética transcraneal (surrealista pero real). Pero en lo que todos están de acuerdo es en que para administrar las tentaciones, el ser humano debe hacer compromisos estratégicos de modo de evitar aquellas cosas que le atraen pero que le hacen mal y terminan por perjudicar a otros también.

LA ESTRATEGIA DE LA CONFESIÓN SIN CERA

Aunque en los ámbitos del lenguaje aún se sigue debatiendo, se cree que la palabra «sinceridad» proviene de la costumbre de los escultores griegos y romanos de usar cera para disimular las grietas cuando alguna de sus estatuas tenía defectos. Según esta hipótesis sobre la etimología de la palabra, cuando una estatua no tenía ningún defecto y no necesitaba retoques era reconocida como «una escultura sin cera». Esto era importante porque tarde o temprano, al ser expuesta al calor del sol, si la escultura tenía grietas estas iban a salir a la luz cuando la cera se derritiera.

Creernos y dar a entender que no tenemos luchas con el pecado es una absoluta falta de sinceridad. Nos guste o no, todos somos obras agrietadas, y no podemos disimular para siempre las grietas. Tampoco podemos esperar a que el calor de los problemas haga que nuestros secretos salgan a la luz. Debemos reconocer esta realidad, y pedirle al Escultor que nos arregle las grietas.

Proverbios 18.12 dice: «Al fracaso lo precede la soberbia humana; a los honores los precede la humildad.»

Yo soy un pecador, y reconozco que todavía hay cosas de mi carácter que me cuesta controlar. He tomado decisiones en mi vida y en mi ministerio que han sido equivocadas, y muchas veces he actuado con motivaciones erradas. Reconozco públicamente esta realidad porque sé que de ese modo quedo menos expuesto a crear una barrera de hipocresía que impida que otros me pidan que rinda cuentas de mi vida y me puedan ayudar.

En el caso del liderazgo, debemos recordar que no es fácil ser responsables del crecimiento espiritual de otras personas. Algunos líderes se la pasan todo el tiempo *dando*, sin apartar un tiempo para también *recibir*. Esto nos cansa y debilita.

LOS JUSTOS NO SON PERFECTOS PERO LUCHAN

En muchas de las historias de caídas de líderes podemos observar que ocurrieron en momentos de defensas bajas. Y si a la responsabilidad natural del liderazgo le agregamos fama, viajes y una agenda descomunal, el refresco se necesita con más urgencia. Separar un tiempo para estar en familia, tomarse buenas vacaciones, y nutrirse del ministerio de otros siervos, todo esto previene un estado de debilitamiento.

Proverbios 10.9 nos dice:

«Quien se conduce con integridad, anda seguro; quien anda en malos pasos será descubierto.»

Y Proverbios 11.3 agrega:

«A los justos los guía su integridad; a los falsos los destruye su hipocresía.»

¿Será que los justos no son declarados así por ser perfectos, sino justamente por ser sinceros?

Al leer los evangelios resulta obvio que Jesús no tuvo como foco principal de sus palabras más fuertes a los adúlteros, a las prostitutas ni a los ladrones. Los protagonistas de sus acusaciones más mordaces fueron los hipócritas. Sobre todo aquellos que disfrazaban su hipocresía de espiritualidad religiosa.

Agustín de Hipona afirmó que la confesión de las obras malas es el comienzo de las obras buenas. Y yo estoy de acuerdo con este doctor de la gracia del siglo primero. La confesión es una excelente estrategia contra el pecado. Es otra de las disciplinas clásicas, como la Lectio Divina.

Lo he dicho en muchos auditorios. La razón por la que tantos luchan con pecados ocultos, lo cual los tiene cargados de culpa y atrapados en secretos, es que luchan solos.

Por eso, otra vez de manera increíblemente práctica, la Biblia nos recomienda en Santiago 5.16:

«...confiésense unos a otros sus pecados, y oren unos por otros, para que sean sanados. La oración del justo es poderosa y eficaz.»

Se cita a Alfonso María de Ligorio decir que para una buena confesión son necesarias tres cosas: un examen de conciencia, tristeza, y una determinación de evitar el pecado.

El examen de conciencia es fundamental. No podemos ser como ese niño que le pedía perdón al Señor en su oración diciendo: «Señor, te pido perdón por tirarle de los pelos a mi hermana, PERO ella me quitó mi juguete primero...». Cuando le confesamos nuestros pecados a Dios y estamos arrepentidos, no podemos tener excusas. Debemos concentrarnos en qué es lo que nosotros hicimos mal y dejarles el resto a las otras personas involucradas. Debemos arrepentirnos de lo que nos toca a nosotros, sin intentar justificarnos.

La tristeza es la reacción lógica si al realizar el autoexamen sabemos que fuimos desaprobados. Si lo que hicimos está mal, no podemos actuar como si nada hubiera pasado. El Señor nos perdona, porque su esencia es el amor, pero si sabemos que hicimos lo incorrecto eso impacta en nuestras emociones más allá de las consecuencias prácticas de cualquier error. Nos produce tristeza, porque no podemos quedarnos allí, y por eso el paso siguiente es la determinación de evitar el pecado.

Tiene que haber un deseo certero y violento de evitar ese pecado la próxima vez. Lograrlo va a exigir una gran fuerza de voluntad y la ayuda del Espíritu Santo. Pero al emplear la confesión como herramienta, también podemos contar con la ayuda de otros.

En algunos círculos evangélicos nos hemos olvidado de ejercitar la confesión. Como ya dijimos, una de las razones por las que esta práctica cayó en desuso es que en muchas iglesias se ha maltratado, juzgado, o abandonado a los que confesaron algún pecado o alguna debilidad. Sin embargo hay otra razón no menos poderosa, y es la idea popular de que la confesión es una práctica que solo tiene que ver con ir al confesionario, y para la cual la solución a los pecados es una interminable lista de repeticiones supersticiosas y absurdas.

> **EL «YO SOY ASÍ» HA SIDO SIEMPRE LA EXCUSA DE LOS FRACASADOS**

La confesión bíblica es una puerta para el cambio. Ser honestos con Dios de cuáles son nuestras luchas y debilidades, rindiéndole cuentas a algunos amigos bien visibles y cercanos, nos ayuda a salir adelante y a administrar las tentaciones de una manera mucho más inteligente.

¿YO SOY ASÍ?

Lo que admitir esta condición de persona pecadora no puede ser, es una excusa para seguir pecando. El «yo soy así» ha sido siempre la excusa de los fracasados. De aquellos que se rindieron y abandonaron la lucha contra el pecado, contra el pasado y contra el «yo». El «yo soy a así» es la manipulación de una conciencia débil y una voluntad enferma de pereza, que necesitan ser sometidas a la voluntad superior de Aquel que sabiéndolo todo igual nos ama, pero que se niega a dejarnos sin cambio.

Jesús tuvo tentaciones, pero no se dejó vencer por ellas. El apóstol Pablo seguramente se dejó vencer por algunas, pero de todos modos siguió luchando y por eso llegó a afirmar:

«*Todo lo puedo en Cristo que me fortalece.*» *Filipenses 4.13*

¿Podemos nosotros afirmar esta verdad también? Aprovecha este instante para practicar la Lectio Divina:

Todo...

lo puedo...

en Cristo...

que me fortalece...

¿Y qué te parece esta otra afirmación de la voz de Dios?

«Ustedes no han sufrido ninguna tentación que no sea común al género humano. Pero Dios es fiel, y no permitirá que ustedes sean tentados más allá de lo que puedan aguantar. Más bien, cuando llegue la tentación, él les dará también una salida a fin de que puedan resistir.»
1 Corintios 10.13

Se cuenta que el gran boxeador Muhammad Alí viajaba en un avión cuando la asistente de vuelo notó que no tenía el cinturón de seguridad puesto. La azafata se acercó sin dudarlo, y le pidió cortésmente que por favor se colocara el cinturón de seguridad. Entonces el indiscutido campeón de peso pesado le respondió riéndose: «*¡Superman no necesita cinturón de seguridad!*». A lo que la azafata pronto le replicó: «*Pero Superman tampoco necesita un avión, así que abróchese el cinturón*». Obviamente, Alí se puso el cinturón.

No sé si esta historia es cierta o no, pero ilustra muy bien lo que sucede cuando perdemos de vista que todos somos pecadores, y que todos necesitamos la ayuda del Espíritu Santo y una estrategia sagaz para administrar las tentaciones. Si olvidamos esto, es muy probable que resultemos avergonzados. Cuando a una persona se le hincha la cabeza con pensamientos de grandeza y superioridad, suele ocurrir que la gente empieza a despreciarla y a tratar de evitarla... y también es posible que otros intenten demostrarle a esa persona que en realidad no es tan buena como se cree.

Pero cuidado. Tampoco es cosa de sentirse menos que otros. No es eso lo que significa ser humildes. Ser humildes tiene que ver con desarrollar un saludable sentido de identidad. Debemos conocer nuestras propias virtudes, así como nuestros defectos y debilidades, para protegernos mejor de las caídas. Debemos ser realistas respecto a nuestras posibilidades y limitaciones, sin levantarnos por encima de los demás ni arrojarnos a sus pies. El Señor nos hizo diferentes, y debemos alegrarnos por eso. Pero, todos necesitamos la ayuda de otros para descubrir nuestro diseño, permanecer firmes y proseguir hacia la meta de la santidad.

Una de las frases que más me he repetido a mí mismo en todos estos años de ministerio es: «Peor que muchos fracasos, son pocos intentos».

1 Corintios 10.13
Proverbios 12.19
2 Corintios 1.12

9

SEXO ESPIRITUAL

ELUDIMOS
EL GOZO INFINITO
QUE SE NOS OFRECE...
SOMOS DEMASIADO
FÁCILES DE
COMPLACER.

- C. S. LEWIS

Ella o quizás debería decir él, no quería estar ahí. Fue su mamá la que insistió en nuestro encuentro. Para serte sincero, yo tampoco quería. Siempre he considerado improbable poder ayudar a alguien que no desea ser ayudado. Pero su mamá nos había arrinconado: «*Mi hijo tiene que hablar contigo*», me había dicho a mí, y con tono de amenaza la había mirado a ella y le había dicho: «*No nos vamos de aquí hasta que no hables con él*». Así que ambos accedimos, y entramos en la oficina prestada que el pastor de esa iglesia me había ofrecido para descansar antes y después de la conferencia que yo había ido a dar.

Esta «chica» de 20 años, que pronto me convencí de que era en realidad un varón, no tenía el menor interés en hablar conmigo. Su tono y su postura corporal eran amenazantes, así que al comienzo le hice algunas preguntas triviales como para romper el hielo, e incluso le dije que su mamá me hacía recordar a la mía, por lo insistente... Luego de ver mi sonrisa y de percibir que mi interés no era darle un sermón, se tranquilizó un poco. Aunque creo que lo que terminó de romper el hielo fue cuando me dijo que su nombre era María Eugenia y yo le dije que pensaba que era un nombre muy lindo.

Después de ese rato inicial de conversación relajada lo miré a los ojos y le dije: «*Bueno, obviamente tu mamá quiere que hablemos de algo importante. ¿De qué crees que quiere que hablemos?*». Volviendo a la mirada amenazante del principio me dijo: «*De mi homosexualidad*». Hizo una pausa, y continuó: «*Todos aquí (refiriéndose a la iglesia) quieren hacerme comportar como un hombre, pero yo soy mujer*».

«*¿Y por qué crees que no aceptan que seas mujer?*», le pregunté. Me miró con sorpresa (o exasperación, no lo sé) y siguió diciendo: «*Porque no pueden aceptar que, aunque nací con cuerpo de varón, yo soy mujer. Me siento mujer y soy feliz comportándome como mujer. Me gustan los hombres y siempre me gustaron. Yo no puedo cambiar. Además, soy feliz así.*»

«*Bueno, obviamente no te hace feliz que otros te quieran cambiar, ni que tu mamá te haya presionado para que hables conmigo... Debe ser muy molesto que todos estén siempre dándote a entender que algo está mal contigo. ¿Por qué crees que lo hacen?*», le pregunté. «*Es un prejuicio*», me respondió con rapidez y todavía sorpresa con mis preguntas, «*Son mentes cerradas que no saben nada ni les importa lo que siento*». «*¿Ni siquiera a tu mamá le importa lo que sientes?*», lo interrumpí. «*Bueno, sí...*», me dijo. «*A ella le importo, aunque no me entiende. Ella ha sido muy infeliz desde que mi papá nos dejó*», agregó y me miró con gesto de que ya había dicho demasiado.

«*¿Y tú? ¿Qué sientes respecto de que tu papá las haya dejado? ¿Tienes hermanos?*», le pregunté. «*Tengo dos hermanas mayores, pero me llevan muchos años. La mayor casi ya no estaba en casa cuando él se fue*», me respondió. «*¿Y cuándo descubriste que eras homosexual?*», le pregunté. Me respondió con mucha seguridad: «*Lo supe desde siempre. Cuando era pequeña jugaba con las muñecas de mis hermanas mayores.*»

«*¿Y tu papá no estaba?*», continué indagando. «*Sí, estaba. Venía cada tanto, pero desaparecía por meses, y cuando venía se emborrachaba y se peleaba con mi mamá*», fue su respuesta.

Entonces le pregunté: «*¿Y a ti como te trataba? ¿Cómo te hacía sentir tu papá?*»

Se hizo un silencio.

Se podía notar el huracán de emociones que todas estas preguntas habían despertado dentro suyo.

Dubitativamente me dijo: «*Bien*». Pero en sus ojos pude percibir un ruego por poder contarme más.

Luego agregó con aparente seguridad que, aunque su papá había llegado a pegarle a su mamá, a él nunca le había pegado.

Lo escuché con calma, y luego me animé a hacer una pregunta que minutos antes había discernido que en algún momento le iba a tener que hacer:

«¿Y abusarte sexualmente? ¿Alguna vez lo hizo?»

Se puso de pie de inmediato. Mi pregunta era demasiado directa, y sintió que tenía que retomar el control de la situación. Lo mire con paz, tratando de encontrar el iris de sus ojos, y a la vez pidiéndole al Espíritu Santo que me diera las palabras justas y sobre todo el corazón correcto... Las siguientes milésimas de segundo parecieron horas.

> **NUESTRA SEXUALIDAD ESTÁ ÍNTIMAMENTE LIGADA A NUESTRA IDENTIDAD**

Entonces agregué: *«No quiero molestarte, solo quiero ayudarte. Y nadie en esta iglesia, ni siquiera tu mamá, va a saber lo que hablamos. Quisiera entenderte. Pareces una persona muy valiosa...»*

«Sí», me dijo. *«Mi papá abusó de mi muchas veces»*. Y se sentó llorando...

UNA NECESIDAD PROFUNDA

Nuestra sexualidad está íntimamente ligada a nuestra identidad. Son indisolubles. No se pueden separar.

Sin embargo, esto no quiere decir que nuestra sexualidad esté predefinida. También se construye. Al igual que nuestra identidad. Es una obra de arte que se elabora con materiales originales, tendencias de la personalidad, y predisposiciones hereditarias. Pero sobre todo, con una historia.

Por eso es que no se puede hablar de sexualidad sin hablar de cómo fuimos hechos y del gran Diseñador. Dios tiene que ver con el sexo más de lo que sospechamos.

También la santidad tiene más que ver con el sexo de lo que sospechamos, pero no de la forma en que tradicionalmente pensamos. De hecho, la relación entre la santidad y el sexo es exactamente la opuesta a la que la mayoría de las religiones han enseñado. Incluso la religión cristiana en su versión popular. El sexo no es algo malo, sucio y pecaminoso, sino algo puro, maravilloso y milagroso. Por eso Dios está tan interesado en que disfrutemos de una sexualidad sana, acorde a su diseño. Porque para eso la inventó.

La sexualidad no es un efecto de la caída. El relato en Génesis nos cuenta que Dios no estuvo satisfecho con que Adán estuviera solo, y entonces le dio una compañera idónea. Adecuada. Ideal. Simplemente con detenernos a observar la biología de las diferencias genitales entre un hombre y una mujer ya podemos tener una idea de cuán idónea fue esta compañera. Y luego Dios los bendijo con estas palabras:

«Sean fructíferos y multiplíquense; llenen la tierra y sométanla.»
Génesis 1.28

Mathew Henry, el famoso comentarista bíblico galés, hace referencia a que este versículo tiene su antesala en que el hombre fue hecho a imagen y semejanza de Dios. Él explica que estas dos palabras, *imagen y semejanza* quieren decir «la imagen más semejante», y que esta imagen se parece a Dios en tres aspectos:

1. El ser humano tiene alma. Tiene una porción de sí mismo que es trascendente.

2. El ser humano ejerce autoridad sobre el resto de la creación. Tiene voluntad, y puede someter las voluntades de otros seres creados a la suya.

3. El ser humano tiene conciencia. Puede diferenciar lo

que está bien de lo que está mal. Posee un instinto de moralidad y justicia, y por eso todas las civilizaciones de la humanidad han establecido leyes de convivencia, y han experimentado vergüenza y culpa al hacer lo que es malo.

Con esta imagen inmanente en su diseño, al hombre y a la mujer solo les faltaba tenerse el uno al otro. Así como Dios es uno pero es tres en la Trinidad, el ser humano es uno siendo dos. Por eso le fue dada la sexualidad: no solamente para cumplir con el encargo de Dios de ser fructíferos y multiplicarse, sino para poder experimentar esa misma comunión amorosa para la que Dios lo creó.

> **EL SEXO ES ALGO MARAVILLOSO, PORQUE TIENE EL PODER DE UNIR Y CONECTAR COMO NINGUNA OTRA EXPRESIÓN HUMANA**

El sexo es algo maravilloso, porque tiene el poder de unir y conectar como ninguna otra expresión humana. Pero es por esa misma razón que, cuando es empleado mal, tiene tanto poder destructivo.

La necesidad innata que todos tenemos de ser amados no es otra cosa que una necesidad de Dios. Porque, como destacaba el apóstol en 1 Juan 4.8, Dios ES amor.

Juan caminó al lado de Jesús en esos tres años de ministerio que compartieron, y probablemente en más de una ocasión le escuchó decir que al verlo a Él podíamos conocer al Padre (Juan 14.9). Tal vez por eso llegó a la conclusión de que Dios es amor.

Detente un momento a reflexionar sobre esa idea.

Juan no dijo que Dios «tenía» amor, sino que Dios ES amor. ¿Será que el sexo es tan poderoso porque, al menos por unos instantes, parece conectarnos con Dios?

Quizás alguno estaría más cómodo si yo utilizara la palabra «amor» en vez de Dios, pero ¿y qué de lo que Juan nos dice acerca de la identidad de Dios?

¿Qué quiere decir Juan cuando dice que Dios ES amor?

¿Por qué llamamos al coito «hacer el amor»?

Lo que es evidente es que hay una sensación de insatisfacción en el ser creado que solo puede ser saciada en el creador. El diablo sabe esto, y por eso lleva siglos empujando al ser humano a creer que esa insatisfacción se sacia con sexo.

¿No es la sexualidad fuera del plan de Dios finalmente una clase de idolatría?

No hay dudas de que el sexo tiene que ver con el placer, pero nadie puede discutir que allí hay algo más poderoso que la suma de las partes. ¿Qué es exactamente la atracción sexual? ¿Por qué las glándulas mamarias excitan tanto a los hombres? ¿Por qué unos bíceps fornidos atraen a las mujeres? ¿Qué es exactamente lo que encuentra de atractivo el homosexual en la persona de su mismo género? ¿Por qué alguien siente culpa luego de hacer algo que deseaba y que le dio placer, si no cree que esté mal? ¿Por qué da tanto temor «la primera vez»? ¿Es posible separar la dimensión espiritual de la dimensión física?

CONOCER, VERDADERAMENTE CONOCER

En el Antiguo Testamento se emplea el verbo hebreo *Jadak* al describir la relación sexual. Esta palabra no puede traducirse simplemente como «coito». *Jadak* es más que un acto carnal. *Jadak* es el estado sublime de experimentar al otro y hacerse uno con su intimidad.

Las distintas versiones de la Biblia que tenemos en español suelen traducir *Jadak* como «conocer». Leemos que «*Adán conoció a Eva*», y del mismo modo se habla del resto de los personajes bíblicos cuando consumaban el acto sexual haciéndose uno con su pareja. Lo poderoso de esta definición es que siempre se usa para referirse a un pacto de fidelidad eterna, con el guiño de Dios y con consecuencias ante la sociedad. Por eso se entiende que en términos modernos está refiriéndose al matrimonio.

El matrimonio redefine la identidad de las personas. Más allá de lo apropiada o no que la podamos considerar, es de ahí que nació la tradición de que la mujer perdiera el apellido de sus padres para tomar el de su marido. Lo cierto es que, con o sin cambio de apellido, a estas dos personas nunca más se las podrá definir completamente sin el otro. Cada persona va a ser siempre

> **LA SANTIDAD SEXUAL NO ES UN CAMINO DE ABSTINENCIA, SINO LA PRÁCTICA DE UN AMOR VERDADERO**

uno con aquella persona con quien se casó, aun si ocurriera luego un divorcio; Y el acto sexual viene a ser una expresión natural de esa realidad práctica.

En el caso contrario, hacerse uno con alguien con quien no se tiene un compromiso absoluto es prestarle una parte de nuestra intimidad a alguien que la va a compartir con otros, exponiendo así nuestra desnudez y permitiendo además que otra persona defina nuestra identidad sin tener ningún lazo con nosotros más que un recuerdo sexual.

En la Biblia encontramos un relato amoroso conocido como el «Cantar de los cantares» y sus expresiones en el hebreo original son más explicitas de lo que las traducciones hispanas nos dejan ver. De hecho, a los niños judíos no se les permitía leerlo hasta que fueran mayores. Su contenido es abiertamente erótico, y está lleno de fotos acerca del romance, el gozo y la pasión entre dos amantes que se desean.

¿Por qué crees que Dios pensó que sería una buena idea incluir el «Cantar de los cantares» en la Biblia? Yo creo que es porque este libro denuncia que Dios no solo creó la sexualidad para la procreación (como por siglos dieron a entender muchas religiones). Dios creó la sexualidad para el placer y la comunión. La creó para extirpar la soledad, anular el egoísmo y edificar una identidad sana.

La santidad sexual no es un camino de abstinencia, sino la práctica de un amor verdadero. El acto sexual de acuerdo al diseño de Dios nos permite conocer y ser conocidos, de modo de disfrutar una conexión perfecta con otra persona. Si comparamos ambos, este acto sexual de acuerdo al diseño de Dios hace quedar muy pequeña e insignificante a una relación carnal pasajera.

El apóstol Pablo nos regaló este poema que define claramente el amor real y práctico que va más allá de las sensaciones:

«El amor es paciente, es bondadoso. El amor no es envidioso ni jactancioso ni orgulloso. No se comporta con rudeza, no es egoísta, no se enoja fácilmente, no guarda rencor. El amor no se deleita en la maldad sino que se regocija con la verdad. Todo lo disculpa, todo lo cree, todo lo espera, todo lo soporta. El amor jamás se extingue...»
1 Corintios 13. 4-8

¿Quién no anhela ser amado de este modo?

Todos queremos experimentar un amor así y la única manera de llegar a experimentarlo es no conformándonos con la búsqueda del placer animal instantáneo.

Dios creó, como si se tratara de una avenida sagrada para experimentar esa clase de amor, el sexo espiritual. El sexo santo. Ese que tiene que ver con el diseño perfecto de un Dios perfecto.

BAJO EL SIGNO DE EROS

Hoy vivimos en una sociedad *hipersexuada*. No creo que, como dicen muchos, en el mundo hoy haya más inmoralidad sexual que antes. Me parece que si conversáramos con vecinas del imperio romano, o con chicas de la época medieval, ninguna de ellas estaría de acuerdo en afirmar que antes se vivía en una sociedad más moral que la de ahora. Los «derechos humanos» son más respetados hoy que probablemente nunca antes en la historia. Sin embargo, lo que sí me animo a afirmar

> **NO HAY NINGUNA EVIDENCIA CIENTÍFICA QUE AVALE LA TEORÍA DE QUE LA HOMOSEXUALIDAD ESTÁ PREDETERMINADA GENÉTICAMENTE**

es que nunca antes hubo tanta *estimulación sexual* como ahora. Y pienso que los vecinos de aquellas épocas estarían de acuerdo conmigo, ¿no crees?

Llegas a cualquier ciudad y en seguida ves los carteles. Buscas cualquier cosa en internet y allí aparecen las imágenes. Miras un programa sobre cualquier tema en televisión, y no van a pasar muchos minutos antes de que aparezca algún mensaje de connotaciones sexuales. El erotismo juega un rol fundamental en la sociedad de hoy, a tal punto que la palabra «sexy» ya forma parte del lenguaje de los niños. Ahora, la pregunta sería: ¿es posible vivir en santidad en un clima así?

Si, es posible. Hay un dicho muy conocido en algunas latitudes que dice que tú no puedes evitar que los pájaros vuelen sobre tu cabeza, pero sí puedes evitar que hagan nidos en ella.

Que las imágenes sexuales te estimulen es normal, y hasta sano. Realmente sería extraño si no tuvieran ningún efecto sobre nosotros. La atracción física también es un invento de Dios, y es un hecho que los hombres somos más visuales que las mujeres. Quizás por eso toda esta hiperexposición al erotismo nos puede afectar más a los hombres. Sin embargo, hay varias maneras en las que nos hacemos vulnerables.

Por ejemplo, en medio de la ensalada de ideas y gustos a la que nos exponen los medios masivos de comunicación han surgido algunas leyendas muy erradas:

- Está bien hacerlo porque todos lo hacen

- La homosexualidad es simplemente otra orientación sexual

- No hay que controlar nuestra sexualidad porque es una urgencia natural

- La pornografía no tiene consecuencias nocivas

Y hay muchas otras, pero pensemos en estas por unos segundos:

Está bien hacerlo porque todos lo hacen. ¿Todos lo hacen? ¿En serio? ¿Qué es exactamente lo que todos hacen? ¿Y quiénes son «todos»? En Estados Unidos, por ejemplo, diferentes estadísticas seculares indican que la actividad sexual entre adolescentes ha disminuido en las últimas décadas. Lo curioso es que estos resultados estadísticos surgen de encuestas personales anónimas, mientras que en público el número de adolescentes que dicen ser sexualmente activos es mucho mayor. ¿Será porque muchos dicen que hicieron algo que en realidad no hicieron para «cuidar las apariencias» y evitar así las burlas de sus compañeros de colegio? En mi caso particular, me declaro culpable. Yo hice eso en mi adolescencia. En ocasiones dije que había hecho algo que no había hecho, solo para evitar alguna burla o tener que dar alguna explicación...

La homosexualidad es simplemente otra orientación sexual. No hay ninguna evidencia científica que avale la teoría de que la homosexualidad está predeterminada genéticamente. Sin embargo, a través de los medios masivos de comunicación se ha insistido tanto con sembrar esta idea en el seno de la sociedad que muchos hoy la afirman como si fuera algo que no tiene discusión. ¿Tendrá esto algo que ver con el hecho de que en los medios masivos de comunicación hay proporcionalmente más personas que practican la homosexualidad que en el resto de la sociedad? Dios ama a los homosexuales como ama a todas las personas pero eso no significa que Él haya planeado esa opción para su sexualidad, ni que la haya insertado genéticamente en determinadas personas, que «nacen así y no lo pueden evitar».

> QUE ALGO SEA URGENTE Y NATURAL NO IMPLICA NI JUSTIFICA QUE LO HAGAMOS SIN REFLEXIÓN

No hay que controlar nuestra sexualidad porque es una urgencia natural. Es cierto, es natural; y en muchos momentos durante la juventud, se siente como una urgencia. Pero que algo sea urgente y natural no implica ni justifica que lo hagamos sin reflexión. Ir al baño, por ejemplo, es natural, y muchas veces es urgente... pero no vamos al baño delante de otras personas cuando «sentimos ganas.» Responder automáticamente a los instintos naturales es lo que hacen los animales. Nosotros, en cambio, podemos conectar esos instintos con el razonamiento, y elegir lo que es mejor.

La pornografía no tiene consecuencias nocivas. ¿Para quién? Hoy la pornografía ya no produce vergüenza como ocurría hace algunos años, así que muchos jóvenes hablan hasta con orgullo de sus «aventuras pornográficas». Por supuesto, al escuchar estos «testimonios» a un joven cristiano se le hace más difícil lograr que no le resulte atractiva. Sin embargo debemos recordar que la pornografía tiene algunas consecuencias muy reales. Incluso muchos psicólogos y psiquiatras no cristianos están de acuerdo en afirmar que tiene consecuencias negativas para quien la consume.

Hace algunos años tuve la oportunidad de guiar a Cristo a una chica cuya hermana era actriz pornográfica. Ella la había acompañado varias veces a los sets de grabación, y nos contaba lo poco que disfrutaban las relaciones sexuales en el set, ya que era todo actuado, y que además muchas de las posiciones eran completamente incomodas y requerían todo un trabajo para realizarlas y concentrarse en lo que estaban haciendo. Claro que nada de eso se tenía que notar en cámara, porque el secreto para quienes están detrás de la industria de la pornografía es dejar a los consumidores pendientes de más. Una de las claves para eso es mostrar escenas tan «espectaculares» que quienes las vean se sientan frustrados con sus propias experiencias sexuales y de ese modo quieran ver más pornografía.

La pornografía genera problemas en varias dimensiones. A modo de muestra, piensa en los siguientes:

- Crea un mercado para la prostitución
- Le roba la ingenuidad a menores

- La industria pornográfica está llena de gente que fue abusada sexualmente, y participar en esto profundiza sus culpas y complejos
- Está comprobado que la pornografía ha impulsado a algunos consumidores a cometer abusos sexuales contra otras personas
- Genera adicción
- Abre la puerta a la infidelidad
- Perjudica a las relaciones sexuales reales

En cierta ocasión se me acercó una pareja de recién casados para contarme cómo les había impactado

> **DEBEMOS RECORDAR QUE LA PORNOGRAFÍA TIENE ALGUNAS CONSECUENCIAS MUY REALES**

una conferencia que había tenido la oportunidad de compartir en su ciudad cuando ellos se estaban conociendo. Me recordaron que en esa conferencia hablé de ciertos mitos que arruinan los noviazgos, el matrimonio, y las relaciones sexuales, y me contaron cómo ambos habían entendido que si ponían al otro primero se iban a evitar un montón de problemas.

La gran fábrica de la que hablamos en los capítulos anteriores quiere convencernos de que darle rienda suelta a lo erótico no solo es natural sino incluso recomendable, y que el evitar estas conductas es cosa de «mentes cerradas», de «prejuicios» y «religión». Lo triste es que quizás cuando mencionan la religión tengan algo de razón. Tal vez la religión sea cómplice de muchos errores y malentendidos.

La mitología griega, que fue cuna religiosa de las creencias populares del Imperio Romano y luego se mestizó con la «cristianización» del emperador Constantino y el nacimiento de la Iglesia Católica Apostólica Romana, daba a entender que todo lo físico era esencialmente malo y que, por eso, para proteger el alma había que castigar lo físico y evitar el placer. En parte como resultado de eso surgió el *celibato*, no como un don que pueden tener algunos, sino como norma para quienes quisieran servir a Dios. Dicho de otro modo, la idea que surgió era que para servir a Dios había que negar e incluso castigar cualquier apetito sexual y hasta el día de hoy este sigue siendo un voto que hacen curas y monjas para poder servir oficialmente en la institución más numerosa del cristianismo contemporáneo.

TU ROMANCE CON EL AMOR

Cuando tomé la decisión de dejar mi país para irme a estudiar a California sabía que mi futuro iba a ser más incierto de lo que en ese momento podía sospechar. Estaba convencido de que Dios quería que me preparara para ayudar a las iglesias del mundo de habla hispana a contar con líderes de jóvenes que entendieran mejor a los adolescentes y supieran cómo desarrollar programas eficaces de discipulado. Pero había un problema. Los ojos de mi corazón estaban posados sobre una rubia pecosa y preciosa que yo sabía que era la persona perfecta para acompañarme en la aventura de convertirme en quien Dios me llamaba a ser, y a quien yo también quería acompañar por el resto de su vida.

Faltaban pocos meses para tomarme al avión que me llevaría desde el aeropuerto de Ezeiza, en Buenos Aires, hasta Los Ángeles, dónde queda el Seminario Teológico Fuller. Pero aunque era muy poco tiempo el que me quedaba para disfrutar algún tipo de noviazgo, un día me animé a pedirle el auto prestado a mi papá para ir a buscarla a la puerta de su universidad, que quedaba a unas dos horas de mi casa, y confesarle lo que había en mi corazón. Lo que le dije aún lo recuerdo como si fuera hoy: «*No puedo vivir sin tu amor. Quiero que nos casemos pronto.*»

Los ojos celestes de Valeria se llenaron de lágrimas. Luego supe que ella siempre había soñado con ponerse de novia con alguien que le hablara de matrimonio al mismo tiempo que de noviazgo.

Hoy en nuestra cama no hay nadie más. No tenemos recuerdos de haber entregado nuestra intimidad a otras personas. Ambos nos casamos vírgenes y no hemos tenido relaciones sexuales con nadie más. Ambos hemos trabajado para crear una mejor identidad en el otro, y también una mejor sexualidad. Disfrutamos de nuestros cuerpos sin prejuicios. Sin tapujos. Sin sospechas y sin rencores. Nos enamoramos del amor y lo cuidamos con firmeza.

> **HEMOS TRABAJADO PARA CREAR UNA MEJOR IDENTIDAD EN EL OTRO, Y TAMBIÉN UNA MEJOR SEXUALIDAD**

En tantos años de ministerio que llevamos juntos hemos escuchado cientos de testimonios de personas con una historia distinta a la nuestra, y hemos podido ver las tristes consecuencias de elegir el camino más popular. El camino fácil. El camino inicialmente barato, pero que termina costando tan caro.

Por supuesto, Dios restaura. Cambia, perdona y redime. Dios permite que modifiquemos nuestro futuro. Pero el pasado y sus consecuencias van a estar siempre ahí. Por eso es mejor decidirnos cuanto antes a creer que si él se dejó clavar las manos y pies en la cruz por nosotros, entonces es digno de confianza y vale la pena seguir sus planes para nuestra vida.

En las enseñanzas de Jesús, y en el diseño de Dios, el sexo es más que un acto animal. Es un encuentro de las almas y voluntades de dos personas con una conciencia limpia y que no tienen ningún temor de hacerse una sola carne. Según el plan de Dios, el sexo nos permite una conexión espiritual, y por lo tanto puede llegar a ser el acto más bello, puro, salvaje, poderoso y sanador que el ser humano sea capaz de experimentar.

Tú tienes cuerpo y genitales. Pero también tienes corazón. Tienes alma y espíritu. Tienes intelecto. Y tienes voluntad.

Que lastima sería que pudiendo disfrutar de hacer el amor, solo termines teniendo sexo.

VE MÁS ALLÁ:

Génesis 2.18-25
Cantares 3.1-4
1 Pedro 4.2-5

10

LAS HERIDAS
Y LA ADORACIÓN

ADORAR ES AVIVAR
LA CONCIENCIA MEDIANTE
LA SANTIDAD DE DIOS,
ALIMENTAR LA MENTE
CON LA VERDAD DE DIOS,
PURGAR LA IMAGINACIÓN
CON LA BELLEZA DE DIOS,
ABRIR EL CORAZÓN
AL AMOR DE DIOS,
DEDICAR LA VOLUNTAD
AL PROPÓSITO DE DIOS.

- WILLIAM TEMPLE

Todos tenemos heridas, y las heridas tienen una relación de amor-odio con la adoración.

El niño predicador que repite sermones imitando al viejo evangelista no puede hablar con autoridad creíble acerca del milagro de la transformación. Su vida es demasiado nueva, fresca y corta como para dar testimonio personal del rescate profundo que Dios puede hacer en un alma ya desahuciada, al llenarla de gozo. Su historia todavía no registra suficientes vergüenzas, desaciertos y dolores como para gritarle al mundo que hay esperanza en la calamidad, pruebas de amor en los rechazos y belleza en las heridas.

LA DEUDA QUE NOSOTROS TENEMOS CON DIOS ES MUCHÍSIMO MAYOR QUE LAS DEUDAS QUE OTROS TIENEN CON NOSOTROS

La verdadera adoración necesita más que palabras o canciones. Necesita experimentar el perdón y el milagro de perdonar.

Hace muchos años escuché a Lewis Smedes, profesor emérito de Ética, en una de sus últimas conferencias en el Seminario Teológico Fuller decir que *«perdonar es liberar a un prisionero y descubrir que el prisionero eras tú»* y nunca olvidé esa frase.

Perdonar las heridas que otros nos ocasionan se hace fácil cuando entendemos que la deuda que nosotros tenemos con Dios es muchísimo mayor que las deudas que otros tienen con nosotros. Es por esa razón que la adoración tiene tanto que ver con la santidad y con la liberación de vivir la vida cristiana según el incomparable guion de Dios.

La adoración se hace genuina y regenerativa cuando no se limita a elogios románticos y momentos cúlticos de canto. La adoración genuina se desata cuando podemos ver nuestras heridas como pequeños rasguños en contraste con las heridas del corazón de Cristo en la cruz de calvario. Y escribo corazón y no cuerpo adrede, porque creo que uno de los efectos adormecedores de la religión medieval que heredamos en Hispanoamérica es creer que los dolores más penetrantes que sufrió Cristo en el calvario tuvieron que ver con su cuerpo y no con su alma.

Por si nos hace falta recordarlo: Jesús no fue un mártir, Jesús fue un redentor.

Él pagó el precio de nuestra salvación. Y por eso nosotros podemos adorar a Cristo de una manera en que ni los ángeles pueden. ¿Por qué? A menos que haya algo en la historia del universo que todavía desconocemos, sencillamente, los ángeles no pueden hacer la oración del arrepentido. Según lo que nos revela la Biblia, ellos no pueden agradecer la redención de su alma. Los ángeles no pasaron por la vergüenza de saberse merecedores de condenación eterna, ni tuvieron que levantar la bandera blanca de rendición para recibir el perdón inmerecido y luego la adopción de Dios como sus hijos. Nosotros sí.

El apóstol Juan haciendo referencia a esto escribió:

«¡Fíjense qué gran amor nos ha dado el Padre, que se nos llame hijos de Dios! ¡Y lo somos! El mundo no nos conoce, precisamente porque no lo conoció a él.» (1 Juan 3.1)

ESA ANTIGUA DANZA
En lo personal, yo descubrí la relación entre las heridas y la adoración al experimentar rechazo en mi adolescencia. ¿Quién no tuvo un amor no correspondido? Hoy puedo reírme de aquellos

sentimientos y sorprenderme de que hayan sido tan intensos, pero en el momento se sintieron muy reales.

Yo estaba enamorado de ella y ella no lo estaba de mí. Habíamos salido por un tiempo, pero una serie de sucesos habían interrumpido la relación y por el momento no parecía haber solución. En esos días busqué a Dios con intensidad... ¿Por qué es tanto más fácil buscar a Dios cuando estamos desesperados?

¿POR QUÉ ES TANTO MÁS FÁCIL BUSCAR A DIOS CUANDO ESTAMOS DESESPERADOS?

Porque en ese momento nos damos cuenta de que nosotros no tenemos soluciones y Dios sí.

¿Y qué pasa cuando Dios no nos da la solución que esperamos?

La moneda cae del otro lado, y notamos el otro efecto de la relación amor-odio entre las heridas y la adoración. Las oraciones contestadas con un «no» pueden producir indiferencia, rencor, tristeza y hasta ira. ¿No es así cómo reaccionamos cuando somos niños pequeños y nuestros padres nos dicen que no?

En la Biblia encontramos muchos ejemplos de personas que se enojaron con Dios. Tomemos el caso de Jonás. En el comienzo del capítulo cuatro de su breve historia, nos encontramos con esta reacción de Jonás ante el hecho de que la gente mala de Nínive se había arrepentido y Dios iba a mostrarles misericordia:

«Pero esto disgustó mucho a Jonás, y lo hizo enfurecerse.»
(Jonás 4.1)

E incluso Dios mismo le pregunta:

«¿Tienes razón de enfurecerte tanto? —le respondió el Señor.»
(Jonás 4.4)

¿Enfurecerse con Dios? ¿Y no hace eso que Dios se enfurezca? Claramente, ese no es el final de la historia de Jonás. Dios tuvo misericordia de él y de los habitantes de Nínive, pero Jonás tuvo que reconocer que su reacción había sido desproporcionada. Eso es lo que sucede cuando perdemos de vista quién es Dios y cuál ha sido su trato para con nosotros.

Cuando olvidamos la adoración, escuchamos las verdades de Dios en tercera persona, como si no fueran para nosotros, y entonces nos cuesta perdonar. No confiamos en sus «no», y tenemos reacciones desproporcionadas. Dejamos de priorizar a nuestro Padre, y eso nos llena de un enojo más profundo aun.

Mi amigo Mark Matlock en su libro "Padres Extraodinarios" me hizo recordar que el novelista Ernest Hemingway comienza el cuento corto titulado *«The Capital of the World»* (*«La capital del mundo»*) con una anécdota acerca de un hombre en Madrid que colocó un anuncio en un periódico para contactar a su hijo perdido. El anuncio decía así: *«Paco, encuéntrame en el Hotel Montaña el martes al mediodía. Todo está perdonado. Papá.»* Luego la historia relata que el martes al mediodía unos 800 jóvenes llegaron hasta ese hotel para hacer las paces con su padre.

El chiste es que en España hay muchos varones llamados Paco. Pero el otro mensaje es que desear la aprobación de nuestro Padre es una experiencia humana universal. Sin quitarle nada al papel indispensable de la madre, todos anhelamos que nuestro padre apruebe lo que hacemos y lo que somos.

Algunas escuelas de psicología llaman a este anhelo «hambre paterna», y allí radica la conexión fundamental entre la adoración y las heridas. Es la antigua danza de búsqueda de aprobación, pasión y rabia, que experimentan los niños con sus padres mientras ellos les dicen que sí y les dicen que no con tal de educarlos, protegerlos y darles lo que es mejor en lugar de lo que piden.

Cuanto más estudio la Biblia y la vida humana, con más claridad puedo ver que las heridas y las necesidades humanas son el punto de partida de la adoración tanto como lo es la mismísima deidad de Dios. Adoramos a Dios porque él es digno y porque es nuestro Padre. Lo adoramos porque no hay alguien más sublime

LA ADORACIÓN Y LA SANTIDAD SON GEMELAS INSEPARABLES

y perfecto sobre quien posar nuestra pasión. Pero también lo adoramos porque lo necesitamos, y porque la adoración nos santifica.

Tener su amor presente nos sana. Pensar en su perdón nos ayuda a perdonar. Enfocarnos en su gracia nos ayuda a dar gracia.

Jesús resaltó esta verdad al referirse a la mujer pecadora que lavó sus pies con lágrimas y perfume. Él le dijo al fariseo dueño de casa que estaba juzgando a la mujer:

«Por esto te digo: si ella ha amado mucho, es que sus muchos pecados le han sido perdonados. Pero a quien poco se le perdona, poco ama.»
(Lucas 7.47)

Cuanto más conscientes nos hacemos de nuestras heridas, de nuestros pecados y de nuestra necesidad de Dios, más profunda es nuestra adoración.

LA LÓGICA DEL PERDÓN

La falta de perdón es como un cáncer. Vivir sin perdonar mata lentamente. Los resentimientos corroen el gozo, nos atrapan en el pasado y nos paralizan.

Es imposible adorar sin perdonar, y hay heridas que son imposibles de perdonar sin adorar.

La adoración y la santidad son gemelas inseparables, y por eso el perdón santifica. Sin el perdón, se enciende un espíritu de venganza que nos priva de elegir con libertad y las decisiones se bautizan de represalias.

Sin perdón no hay santidad.

En mis primeros años de liderazgo, la iglesia a la que asistía había comenzado una misión en el delta del rio Paraná, en la provincia de Entre Ríos, en el norte de la Argentina. A esta pequeña misión solo se podía llegar en lancha, y mi pastor de aquel entonces decidió que yo era un buen candidato para hacerme cargo de la obra allí durante un tiempo.

La capilla de la isla tenía una casa al lado, la cual estaba habitada por una familia que hacía de «cuidadores» de la obra. Allí me hospedaba, y desde allí salía en un pequeño bote a motor para visitar a las familias que vivían cerca, escuchar sus historias, orar por ellos y, claro, invitarlos a la reunión que tendríamos el domingo. Todos los isleños eran de familias numerosas, menos uno de los vecinos más cercanos. Al comenzar a visitarlo una vez por mes, pronto noté que, aunque él hablaba de su familia, su familia nunca estaba allí. Seguramente en alguna de las primeras conversaciones le habré preguntado por su familia, y algo me habrá respondido, pero recién luego de un tiempo me di cuenta de que esta no era una situación pasajera. Su familia no vivía con él. Finalmente me enteré que este hombre estaba solo en esta isla intentado rehacer su vida luego de varios fracasos familiares. Había estado casado dos veces y tenía hijos de ambos matrimonios, y también una primera hija que había tenido con alguien más.

Fue en esa isla donde por primera vez aprecié la voz del silencio. Allí podía escuchar el ruido de una rama que veía caerse al otro lado del río, y recuerdo la tarde en que, estando cerca de su casa, comencé a cantar. A los pocos minutos este hombre se me acercó riéndose, se sentó a mi lado, y a raíz de lo que me había escuchado cantar, comenzamos a hablar sobre la adoración. Y Dios intervino. Este hombre comenzó a contarle a un veinteañero lo que escondía su alma.

> **LA ADORACIÓN NOS ASALTA Y NOS ROBA LOS RECLAMOS, QUEJAS Y RENCORES QUE TENÍAMOS CONTRA OTRAS PERSONAS**

En un principio, al escucharme hablar de mi pasión por Dios, el hombre comenzó a intentar convencerme de por qué él no podía experimentar el gozo de la adoración. Su primera esposa le había sido infiel. Habían sido demasiado pobres. Su hermano había abusado sexualmente de su hija y él había querido matarlo... Y ahora, luego de tantos fracasos, estaba solo en esta isla.

Escena tras escena, la vida de este hombre había sido una tragedia. Y aunque ahora él asistía a la iglesia y había dejado todo eso atrás, aún seguía atrapado por el resentimiento y por deseos de venganza.

Conversamos durante horas, y finalmente tuve el privilegio de ver a este hombre entregar su vida a Jesús. Pero lo que más recuerdo es cuando en su oración él comenzó a repetir que perdonaba a todas las personas que lo habían herido y las nombraba una por una. Yo no había hecho hincapié en que él debía perdonar. Tan solo le había hablado del perdón de Dios.

Pero esa fue su reacción instintiva. Al haber experimentado ese perdón, ahora él podía perdonar.

¿No era acaso la reacción lógica?

Sí, lo era. Siendo que se nos perdonó tanto, lo lógico es perdonar. Sin embargo, he notado que esta verdad le resulta muy evidente a quienes vienen de un mundo sin Cristo, pero es muy esquiva a quienes han escuchado hablar de Dios desde la cuna y han crecido en una iglesia evangélica y la religión les ha enseñado que la santidad solo tiene que ver con no cometer ciertos pecados, y no tanto con recibir perdón y perdonar para ser completamente libres.

LOS RESULTADOS DE LA ADORACIÓN

A. W. Tozer escribió: «*La esencia de la idolatría consiste en abrigar sobre Dios pensamientos que son indignos de Él… El corazón idólatra da por sentado que Dios es otro distinto a quien es y sustituye al Dios verdadero por otro hecho a su propia semejanza.*»

La verdadera adoración es una respuesta humana a una iniciativa divina. Es dejarse conmover por la *Shekinah* de Dios, que no es otra cosa que su presencia manifiesta. La adoración es nuestra respuesta a las declaraciones de amor del Padre, entendiendo su identidad y cuán inmerecido es su amor hacia nosotros.

En las mismas palabras de Jesús, todo en la experiencia cristiana comienza con el gran mandamiento:

«*Ama al Señor tu Dios con todo tu corazón, con toda tu alma, con toda tu mente y con todas tus fuerzas.*» (Marcos 12.30)

La adoración nos cambia a nosotros. Nos centra. Contrasta nuestras heridas con las de Cristo, de manera que veamos cuán pequeñas son.

Los resentimientos se caen de nuestras espaldas cuando entramos a su presencia manifiesta para adorarlo. La adoración nos asalta y nos roba los reclamos, quejas y rencores que teníamos contra otras personas.

LAS PRUEBAS REVELAN LO QUE EN VERDAD AMAMOS

La adoración nos seduce a una mayor obediencia. Nos enamora de la santidad, nos nutre de esperanza y nos salpica de pasión.

La adoración no se reduce a cerrar los ojos y cantar canciones lentas con la música que nos gusta. Por eso me da cierta tristeza que hoy llamemos adoración a tan poco. A algo tan barato como un concierto de la banda que apetece nuestros gustos musicales. Por más que las letras le digan cosas lindas a Dios.

La adoración es una aventura intencional a la que nos lanzamos cuando confiamos en el objeto y sujeto de nuestra adoración y nos abandonamos a su efecto sin aferrarnos a nuestras ideas, heridas, conceptos y valores, con tal de calibrar nuestro corazón y mente con los suyos.

La ceremonia, la música, las luces y los ritmos pierden toda su relevancia cuando la adoración llega a ese espacio autentico en el que solo se trata de agradecimiento y devoción.

Hebreos 13.15 nos anima a darle a Dios este tipo de adoración:

«Así que ofrezcamos continuamente a Dios, por medio de Jesucristo, un sacrificio de alabanza, es decir, el fruto de los labios que confiesan su nombre.»

GETSEMANÍ Y LA CANCIÓN MÁS SUBLIME

Una imagen típica al visitar Israel es la de los olivos que rodean Jerusalén. El olivo produce aceitunas, y de estas se extrae el más selecto aceite. Lo que muchos no saben es que por siglos esa extracción se hizo con los pies.

El lugar donde Jesús pasó las horas previas a ser apresado para ser luego llevado a la cruz, el lugar donde él sudó gotas de sangre, fue justamente este lugar: el Monte de los Olivos. Era el lugar donde se pisoteaban las aceitunas. Precisamente «Getsemaní» quiere decir «la prensa de aceite». El más preciado aceite, el aceite con el que durante siglos fueron ungidos los reyes, era extraído al pisotear las aceitunas hasta obtener de ellas la última gota. ¿No es esta una tremenda imagen de la relación que existe entre las heridas y la adoración? ¿No crees que habrá sido por eso que Jesús eligió este lugar para prepararse para lo que vendría? Y es que somos ungidos a través de las pruebas, los dolores y las pérdidas, para poder darle a Dios nuestra mejor adoración y nuestro mejor aceite.

Las pruebas son necesarias en nuestro proceso de santificación. Pasar por Getsemaní verifica la fortaleza de nuestra fe. Nos otorga humildad. Corrige nuestra lista de prioridades y nos permite escribir nuestra mejor canción.

Las pruebas revelan lo que en verdad amamos, y también suavizan nuestro corazón al punto de hacerlo más atento a los sufrimientos y luchas de otros. De Getsemaní sale el aceite de un carácter más puro.

Yo he escuchado enseñar en muchos sermones motivacionales que «perdonar es sinónimo de olvidar» y sin embargo, creo que en muchas ocasiones perdonar tiene más que ver con recordar. Porque perdonar es, ante todo, recordar el perdón de Dios. Su escandalosa gracia. Su desenfrenada misericordia que nos da nuevas oportunidades cada día. Todo esto nos libera de la tentación de darles a los demás «lo que se merecen».

En Hechos 16.23-26 encontramos una de las historias de adoración más poderosas del Nuevo Testamento. Pablo y Silas son apresados sin juicio por la liberación de una joven adivina, y esto es lo que acontece:

«Después de darles muchos golpes, los echaron en la cárcel, y ordenaron al carcelero que los custodiara con la mayor seguridad. Al recibir tal orden, éste los metió en el calabozo interior y les sujetó los pies en el cepo.

A eso de la medianoche, Pablo y Silas se pusieron a orar y a cantar himnos a Dios, y los otros presos los escuchaban. De repente se produjo un terremoto tan fuerte que la cárcel se estremeció hasta sus cimientos. Al instante se abrieron todas las puertas y a los presos se les soltaron las cadenas...»

¿Será que somos liberados justamente cuando adoramos a pesar de las cadenas?

VE MÁS ALLÁ:

Mateo 4.10
Lucas 6.37
Hebreos 8.12

11

BELLA LOCURA

EL ALMA VIVE
DE AQUELLO
QUE AMA.

- SAN JUAN DE LA CRUZ

María estaba enamorada. Nazaret era un pueblo pequeño, y todos conocían al joven carpintero. José era un buen candidato. Un joven íntegro y de buen corazón, que sabía ganarse la vida y estaba dispuesto a dar todo por proteger a su prometida.

Pero apareció un ángel.

Todo en la vida de María parecía ordenado, hasta que Dios envió a este ángel para interrumpirla con la noticia de que iba a quedar embarazada, y sin que su novio siquiera la tocara. ¿Te imaginas?

María seguramente ya estaba pensando en la boda. En los regalos, en la emoción de su familia, en el orgullo de la familia de José... y de repente este ángel viene y le dice que va a ser «bendecida» con una criatura en su vientre. ¡Y que no es solamente una criatura, sino que es «Hijo del Altísimo»! María se habrá preguntado: ¿Voy a quedar embarazada de Dios?

> **TRASCENDER REQUIERE MÁS QUE SUEÑOS EGOÍSTAS**

¿Qué clase de Dios interrumpe la vida de una joven que ya tiene todos sus planes definidos, para dejarla embarazada de un proyecto que no es de ella? Seguro que no es el mismo Dios del que hablan algunos predicadores, que cumple los sueños de todos porque lo único que quiere es hacernos felices.

Este Dios interrumpe, y nuestra «felicidad» no es lo primero que tiene en mente. Él nos ama con amor eterno, pero contrariamente a lo que nos enseña la cultura cristiana «pop», su prioridad es que vivamos vidas trascendentes. Y eso no es sinónimo de «felices», al menos en los términos que pretende nuestra cultura. Trascender requiere más que sueños egoístas y deseos urgentes de ser bendecidos.

La genuina santidad requiere fe, y estoy seguro de que esa fue una de las razones de Dios para elegir a María como mamá de Jesús. ¿Hubiera ella preferido perderse ese privilegio con tal de ser «feliz»?

COMPLETO ABANDONO

A medida que pasa el tiempo, me hago cada vez más consciente de que la fe es la expresión más visceral y básica de la adoración genuina.

Una persona que adora, confía. Una persona que confía con completo abandono, adora.

Por eso es también que la fe tiene tanto que ver con la santidad.

Desde el punto de vista de Dios, no existe la santidad sin fe. No importa cuáles sean los pecados que no se comentan, si no confiamos en Dios con abandono, la santidad se nos disipa de entre las manos como niebla, y, con ella, la emoción de vivir una vida cristiana según los sueños de Dios.

Luego de esa experiencia que cambió mi vida en enero de 1992, la cual te compartí hace algunos capítulos, mi temor con respecto a la opinión de los demás se había evaporado. Yo sabía que tenía que hacer algo por los adolescentes de mi país, y también sabía que lo que la iglesia había hecho conmigo en mi adolescencia era exactamente lo que no había que hacer. En los años previos había vislumbrado destellos de lo que era posible hacer con chicos de mi edad. Mi mamá y un grupo de padres de la iglesia habían hecho algunos intentos por acercarnos a Jesús y por responder a nuestros planteos, comenzando unas reuniones caseras. El hecho de que estas reuniones se realizaran fuera del templo les daba a estos líderes la libertad de experimentar empleando algunas actividades con nosotros que por esa época eran realmente futuristas para el resto de la iglesia. Me refiero a cosas como aprender la Biblia a través de juegos, dramatizar historias de la Biblia para armar un sermón entre todos, poder interrumpir las clases bíblicas para preguntar y para asegurarnos de que entendíamos lo que se estaba diciendo, o el simple hecho de mirarnos la cara en vez de la nuca. Todo eso me dio la pauta de que había algo más, y con el impacto que había tenido en mi vida esa «cita divina», ahora yo estaba listo para hacer lo que fuera necesario hacer.

Con un grupo de amigos y el apoyo de un líder que habíamos conocido en unos campamentos para niños, decidimos fundar una organización llamada «Liderazgo y Adolescencia, Grupo de Amigos», ministerio que todavía hoy se conoce por sus siglas como «L.A.GR.AM». El nombre sonaba irreverente y provocador para nuestro contexto. El plan era organizar campamentos, conciertos y actividades de evangelismo con el fin de que los adolescentes pudieran experimentar a Jesús y ser ellos los catalizadores para alcanzar a otros adolescentes para Cristo, en vez de solo venir a escuchar a un buen predicador.

NUESTRO MINISTERIO TENÍA QUE SER 100 % ESPIRITUAL Y 100% DIVERTIDO

La premisa de trabajo era simple: nuestro ministerio tenía que ser 100 % espiritual y 100% divertido. No bastaba con 50% y 50%. El equilibrio no estaba en el medio, sino en los extremos. Como en la deidad de Cristo, quien mientras caminó por las tierras de Israel fue 100% Dios y 100 % hombre.

Hoy en día usar la palabra «divertido» puede sonar bastante normal, pero en ese entonces pronunciar esa palabra en el ámbito de las iglesias era algo así como una blasfemia. Para la mayoría de los líderes y pastores, la regla era: si es divertido, no es espiritual. Si es divertido, no es bíblico. Si es divertido, no es servir al Señor...

Todavía me cuesta entender por qué la iglesia ha creído esto. Incluso hasta el día de hoy tenemos problemas con esa palabra. Hace un tiempo escribí en una red social que si no te estabas divirtiendo al servir al Señor probablemente no estabas sirviendo al Señor y a los dos minutos me cayó un vendaval de comentarios negativos. Lo más lindo que me llamaron ese día fue «superficial». Esto me hizo evidente que tenemos un conflicto con esta palabra. Creemos que la diversión no puede ser parte de la experiencia cristiana normal, y mucho menos de una experiencia de servicio. ¿Será esto cierto?

La gran paradoja es precisamente esa: La prioridad de Dios no es que seamos felices, pero cuando estamos realmente sirviéndolo a él y no a nosotros mismos, se desata en nuestro interior una gratitud desenfrenada y una sensación de expectación que logra que la tarea más sacrificada se sienta divertida.

Abandonar el «yo» en el servicio hace que el sacrificio más difícil se convierta en una experiencia emocionante. ¿No es eso una bella locura?

PRACTICAR LA PRESENCIA DE DIOS

En mi libro de devocionales diarios titulado «*Encuentros al límite*», cuento que hace unos años se me acercó un adolescente de la iglesia para preguntarme ciertas cuestiones de teología y hacerme la curiosa oferta de «practicar» juntos la presencia de Dios.

Como yo no recordaba haber usado esa frase en el grupo de jóvenes le pregunté a qué se refería, y me dijo que estaba leyendo «*La práctica de la presencia de Dios*», un pequeño libro escrito hace muchos años por un tal «Hermano Lawrence». Yo sabía que ese era un libro escrito alrededor del año 1600, así que obviamente me sorprendió que este adolescente moderno de pelo largo que pasaba la mayoría de su tiempo arriba de un skate me estuviera hablando de ese libro.

Invité a este joven a buscar juntos en mi biblioteca alguna información al respecto, que yo recordaba que tenía de mis estudios en el seminario, y juntos averiguamos que el Hermano Lawrence se llamaba en realidad Nicholas Herman y había nacido en Francia en 1605.

Cuenta la historia que a los dieciocho años Nicholas entregó su vida al Señor con completo abandono, y algunos años después decidió ser monje en París, donde le cambiaron el nombre y le dieron la sagrada misión de... ocuparse de mantener la cocina limpia. Su tarea consistía básicamente en lavar los platos y barrer el piso. Como se podría esperar de cualquier otro joven al que le asignaran limpiar la cocina, muy pronto él se sintió frustrado y comenzó a cuestionar su llamado.

> **ABANDONAR EL «YO» EN EL SERVICIO HACE QUE EL SACRIFICIO MÁS DIFÍCIL SE CONVIERTA EN UNA EXPERIENCIA EMOCIONANTE**

Lo que sucedió fue que luego, con el paso del tiempo, Nicholas (ahora conocido como el Hermano Lawrence) comenzó a meditar sobre sus sentimientos y su mala actitud, y decidió que experimentar al Señor haciendo esas labores iba a ser su principal desafío, ¡y también una gran aventura! Lawrence decidió intentarlo con pasión. Al pasar los años su carácter se fue llenando de gozo, paz y dominio propio, por lo que no tardó en convertirse en un amado consejero de los más jóvenes. Tanto, que comenzó a llegar gente a visitarlo de todo el país.

Una de esas personas fue Abbott de Beaufort, con quien comenzó a enviarse cartas sobre este tema de «practicar la presencia de Dios». Cuando el Hermano Lawrence murió, Abbott editó esas cartas para armar un breve pero profundo libro.

La premisa principal de este escrito es que hay que alimentar una conversación íntima con el Señor en todo lo que hacemos. El Hermano Lawrence recomendaba:

- Piensa a menudo en el Señor, de día, de noche, en tu trabajo y en tu descanso. También, y sobre todo, en tus diversiones.

- Sé fiel en «mantenerte en su presencia» incluso en los detalles más insignificantes, y hasta las circunstancias más rutinarias se convertirán en una experiencia espiritual que compartirás con tu mejor amigo.

¡Es verdad! La fe permite notar la presencia de Dios en todo lo que hacemos.

La fe desata gozo. Alegría. Emoción y diversión.

LA FE SANTIFICA Y FORTALECE.

En el capítulo 8 del libro de Nehemías se describe una escena cautivante. El pueblo se había reunido en la plaza luego de terminar de reparar el muro, y Esdras comenzó a leer la ley del Señor, a lo que el pueblo respondió llorando... Esdras, Nehemías y los sacerdotes habían explicado cada pasaje que habían leído de la ley, y eso había provocado al pueblo al llanto. ¿Te lo imaginas?

Es casi seguro que el llanto fue originado por la vergüenza de saber que no daban la talla con la ley del Señor. Sin embargo, en el versículo 10, Nehemías les dice lo siguiente:

«Ya pueden irse. Coman bien, tomen bebidas dulces y compartan su comida con quienes no tengan nada, porque este día ha sido consagrado a nuestro Señor. No estén tristes, pues el gozo del Señor es nuestra fortaleza.»

No había dudas de que el pueblo no daba la talla. Sin embargo, habían confiado en el Señor y habían terminado el muro. Y por eso... Esdras los anima a la fiesta. ¡Fue la fe del pueblo, y no la perfección, la que liberó la gracia de Dios en sus vidas! Así, podían alegrarse y festejar a pesar de saber que no cumplían al detalle con todas las leyes de Jehová.

El gozo es parte del fruto del Espíritu Santo (Gálatas 5.22), y la palabra de Dios nos enseña a cuidarlo porque es un motor que pone a funcionar el resto de nuestras fuerzas espirituales.

Si prestamos atención, podemos darnos cuenta de que el gozo es el resultado de la obediencia, pero también

> **EL GOZO ES EL RESULTADO DE LA OBEDIENCIA, PERO TAMBIÉN DE LA MISERICORDIA**

de la misericordia de Dios. El intentar con abandono vivir en santidad ya es parte de la batalla ganada. Aunque no demos la talla, ese intento nos permite disfrutar la tibieza del abrazo de su gracia.

¿SALTOS AL VACÍO?

A veces hablamos de la fe como si fuera un salto al vacío, pero... ¿existirá algo más seguro que confiar en el creador del universo, en aquel cuyo nombre también se deletrea «amor»?

En esos primeros años de ministerio en L.A.GR.AM., mientras hacíamos experimentos alocados en la búsqueda de nuevas formas de atraer a muchos adolescentes a Jesús, leí un libro titulado *«El Reino de Dios es una fiesta»* escrito por un tal Tony Campolo, que para mí era un completo desconocido en aquel entonces. El tema del libro se conectaba perfectamente con esa idea que teníamos acerca de que nuestro ministerio tenía que ser divertido. En el libro, Campolo destacaba que el calendario del pueblo de Israel estaba enmarcado en fiestas que Dios había establecido para que su pueblo se gozara por los frutos de la obediencia y también de su gracia. Campolo dejaba en claro que la tradición de celebrar era crucial para inspirar a las nuevas generaciones a seguir confiando en Dios y a dar su mejor esfuerzo por obedecer sus mandamientos. El tema me cautivó, y les compartí a mis compañeros del ministerio que sentía que teníamos que traer a Tony Campolo a la Argentina y hacer una fiesta para los adolescentes con él como conferencista central. Envié una carta a la Universidad de Eastern en Philadelphia, donde Campolo vivía, y a las semanas me llegó una carta de regreso confirmando que Tony Campolo aceptaba nuestra invitación.

Al recibir esta confirmación decidimos que no podíamos hacer un esfuerzo mediocre. El evento tenía que ser en el que en aquel entonces era el mejor estadio cubierto de la ciudad, y teníamos que tener la mejor música cristiana para jóvenes que hubiera disponible para que fuera una verdadera fiesta. La producción tenía que ser excelente, y fuimos a contratar los servicios de las mejores compañías audiovisuales de Buenos Aires sin importarnos cuál fuera el precio. Sinceramente, no me importaba un ápice el costo real de lo que íbamos a hacer. Simplemente, teníamos que hacerlo.

A principio de los años noventa no había eventos cristianos como los de ahora. Hablar de «fiesta» sonaba muy raro. Y contratar una productora audiovisual y un auditorio de esa envergadura eran cuestiones para muy pocos, y menos que menos para un veinteañero que enseñaba tenis en jardines de niños prescolares y estudiaba dos carreras al mismo tiempo. Los eventos los hacían las iglesias grandes, las denominaciones, o alguien con un empresario detrás. No un joven de jeans rotos en una época en la que todo líder cristiano que se preciara usaba traje y corbata. Pero la bella locura de la fe nos empujaba y nos daba una seguridad que todavía hoy me emociona al recordar...

No sé cómo sucedió ni qué fue lo que dije, pero el hecho es que conseguimos el estadio, contratamos la producción e hicimos las invitaciones solamente con la promesa de que luego íbamos a pagar. Quiero aclarar que no estoy haciendo apología de hacer las cosas con la fe de otros y después, si esas cosas no salen, compartirles gentilmente nuestra deuda. Yo no tenía la más mínima duda de que la aventura iba a ser un éxito y de que íbamos a pagar todo. Yo iba a cumplir mis compromisos, solo que en ese momento no sabía de qué forma.

A los pocos días de anunciar que Tony Campolo estaría con nosotros recibí el llamado telefónico de un pastor muy respetado en Buenos Aires. *«¿Está confirmado que Tony Campolo va a estar en este evento?»*, me preguntó. *«Sí»*, le aseguré. Entonces me preguntó sin vueltas: *«¿Y quién eres tú exactamente?»*. Esta pregunta me sorprendió porque, si me había llamado por teléfono, él obviamente sabía que mi nombre era Lucas Leys. Pero en seguida comprendí que no era mi nombre lo que me preguntaba. El «¿quién eres» en realidad significaba: «¿Quién está detrás de tuyo? ¿Qué pastor te está apoyando?». Y, en última instancia, «¿Quién va a pagar por todo esto?»

A continuación él me explicó: *«Con varios pastores importantes de la ciudad hemos intentado traer a Tony Campolo a la Argentina en varias oportunidades, pero nunca lo hemos logrado. ¿Cómo es que te dijo que sí?».* *«Yo tan solo le envié una carta»*, respondí con sinceridad. *«Pero sabes quién es él, ¿cierto?»*, insistió este pastor. *«Sí»* le dije, *«es el autor del libro "El Reino de Dios es una fiesta", y la biografía en el libro dice que es profesor de la Universidad de Eastern».* *«Correcto»*, me dijo, *«pero también es el actual consejero de asuntos religiosos de la Casa Blanca. Tony Campolo es el sociólogo cristiano más respetado en Estados Unidos, y es amigo personal del presidente Clinton».*

La noticia de que Campolo fuera el principal consejero de asuntos religiosos de la Casa Blanca realmente me tomó por sorpresa. Al terminar la conversación me di cuenta de que haber invitado a Campolo había sido más osado de lo que en su momento pude suponer. Este pensamiento logró llenarme de ansiedad en los siguientes días, ansiedad que se vio incrementada porque a medida que se acercaba el evento fui tomando perspectiva de la cantidad de dinero que costaba la iniciativa, sobre todo contrastada con el poco interés inicial que notábamos respecto de la asistencia. ¿Un evento masivo pensado específicamente para adolescentes? ¿Sin una iglesia o denominación de fondo? ¿Promocionando una «fiesta» en vez de milagros? ¿Sin una foto con alguien de traje claro y los ojos cerrados, y con la palomita bajando sobre una multitud? ¡Todo era muy inusual!

Al acercarse la fecha, algunos amigos me animaron a visitar personalmente a diversos pastores importantes para explicarles la propuesta de este evento. Como no me conocía personalmente con ninguno, le pedí al pastor de mi pequeña iglesia que me ayudara a conseguir algunos teléfonos... Así que fui a la reunión de ese domingo solamente pensando en la lista de contactos. Sin embargo, otra sorpresa interrumpió mi plan. Al terminar la reunión, y luego de recibir la lista de teléfonos personales de algunos pastores reconocidos, me encaminaba a salir cuando de repente me detuvo una abuelita preguntándome si yo era Lucas Leys. Le confirmé que sí y la salude apresurado, intentando que no me detuviera. Pero ella me tomó del brazo y, sin titubear, me dijo: «*Tienes que venir a mi casa ahora*». Nunca pude explicarme cómo me convenció de ir, pero tal vez tuvo que ver la seguridad con que me lo pidió... y el hecho de que algunos adolescentes me estaban mirando y yo era su líder. Lo cierto es que acepté, y a los pocos minutos, con algunos de esos adolescentes ya nos encontrábamos en su casa, que gracias a Dios al menos quedaba cerca.

Nos sentamos en la sala, y la abuela desapareció por lo que comencé a ponerme realmente nervioso. No dejaba de pensar que quería llamar a esos pastores e ir a visitarlos a sus iglesias esa misma tarde. En Argentina es normal que las iglesias tengan reuniones los domingos por la noche además de por la mañana, así que mi plan era contactarlos por teléfono y luego llegar antes que comenzaran sus reuniones para poder entrevistarme con ellos en persona. Al pensar en el poco tiempo que me quedaba para hacer todo lo que quería hacer, decidí marcharme de ahí en ese mismo instante. Pero la abuela apareció por una puerta con un álbum de fotos que comenzó a mostrarme... «Esta es mi nuera... este era mi perro...» y así fue pasando varias páginas hasta que mi estado de desesperación era

> **CUANDO DEJAS DE INTENTAR LO IMPOSIBLE, TAMBIÉN DEJAS DE DEPENDER DE DIOS**

prácticamente imposible de disimular. Los chicos que habían venido conmigo se reían porque ellos, que me conocían mejor, se daban cuenta de que para este punto yo ya estaba realmente furioso. En realidad yo estaba enojado conmigo mismo por haber aceptado la invitación de la abuela y por no haber sabido sacármela de encima a tiempo. Ella, que parecía no darse cuenta de mi enojo, me dijo: «En seguida regreso...», y desapareció de nuevo. Los minutos que tardó me parecieron años, pero finalmente volvió a ingresar a la sala con otra cosa en la mano. Era un sobre grande. Gordo y blanco. Y decía algo que al principio no llegué a leer. La abuelita me miró a los ojos y me explicó: «Hace 4 años falleció mi esposo, y desde entonces yo cobro una pequeña pensión del gobierno. Pero mis hijos pagan todos mis gastos, así que desde que comencé a cobrar ese dinerito yo lo he guardado casi íntegramente en este sobre, para que Dios me diga qué hacer con él. Y esta mañana cuando estaba orando... Dios me dijo que debía dárselo a Lucas Leys.»

Sentí que me arrollaba un tren. No podía salir de mi sorpresa. Mis ojos se posaron en el sobre, que ahora pude ver que decía: «dinero de Dios».

PEQUEÑAS OPORTUNIDADES

En Hispanoamérica hoy se habla mucho de la distribución equitativa de las riquezas, lo cual desnuda que muchos todavía creen que las riquezas son una pizza que se debe cortar en partes iguales. El problema básico con esta idea es que las riquezas no son una pizza. Las riquezas se deben multiplicar. Hoy hay más dinero en el mundo de lo que nunca hubo antes, y en unos años habrá incluso más riquezas que ahora. A lo que las personas bien intencionadas que hablan de la distribución equitativa de las riquezas deberían referirse es a la distribución equitativa de las oportunidades. Lo que la mayoría de las historias de grandes logros necesitaron fue una pequeña oportunidad, la cual abrazaron con fe.

Casi todas las grandes empresas, conquistas e historias en este planeta tuvieron pequeños comienzos. Nada grande se hizo nunca de repente. La pasión es arriesgada. La Biblia nos relata, página tras página, las historias de personas que dejaron todo por seguir la voz de Dios en el Antiguo Testamento, y por seguir a Jesús en el Nuevo. Los patriarcas, los profetas y los discípulos dejaron empleos, familias y seguridad por seguir los sueños de Dios. Y no figuran en la Biblia como héroes por haber sido perfectos, sino por haber tenido fe.

La gran fábrica de la que hablamos en los primeros capítulos, disfrazada de ortodoxia evangélica, nos ha querido convencer de que la santidad es siempre responsable, obediente y sensata. Sin embargo, la verdadera santidad se viste de fe, y por ende de peligro. Encuentra pequeñas oportunidades que nadie más ve, y se lanza irresponsablemente hacia la aventura de darlo todo con pasión.

La santidad, la creatividad y la fe no emergen con facilidad. Ellas nacen del riesgo, y son refinadas por las pruebas, e incluso por los fracasos.

Me lo he dicho muchas veces frente al espejo y ahora te lo escribo a ti en este libro: Cuando dejas de intentar lo imposible, también dejas de depender de Dios.

Mateo 8.26
Romanos 4.20
1 Corintios 2.14

12

OTRA VEZ ISAÍAS

CUANDO NO SE AMA
DEMASIADO,
NO SE AMA
LO SUFICIENTE.

- BLAISE PASCAL

¿Es posible confiar en Dios de manera exagerada?

Isaías descubrió que siempre podemos confiar en Dios un poco más.

Para los profetas, hablar en nombre de Dios era realmente peligroso y, como resultado, las historias de muchos de ellos parecen reportes de victimas de guerra. Sus palabras eran audazmente contraculturales, y los receptores de sus mensajes acostumbraban a enojarse con los mensajeros. El desierto y la soledad solían ser sus escondites, y la desnudez y las lágrimas sus compañeras. Isaías tenía estas características y sin embargo, también fue un profeta distinto.

El profeta de profetas del Antiguo Testamento fue diferente a sus colegas. Los profetas de las generaciones anteriores eran personas más simples. La mayoría de ellos eran hombres sin mucha preparación. Eran granjeros o pastoreaban ovejas. Pero Isaías era un profeta urbano. Conocía de ciencias políticas, tenía acceso a la corte real, y sabía dirigirse a príncipes y reyes sin alterar el mensaje. Estaba dispuesto a sufrir la soledad, el desierto y las consecuencias de sus verdades, pero también sabía discernir los momentos y fue lo suficientemente sagaz como para luchar contra la hipocresía, la injusticia y la opresión durante cuatro décadas bajo distintos reyes. Isaías era un profeta santo.

El libro de Isaías es quizás, de todo el Antiguo Testamento, el que con mayor claridad nos habla de la identidad de Jesús. Sobre todo en esa famosa descripción del capítulo 53. Sin embargo, es en el capítulo 6 que la vida de Isaías tiene su momento más extraordinario, y justamente ocurre cuando adquiere un nuevo entendimiento de qué es la verdadera santidad y aprende a confiar en Dios un poco más.

Lee con atención su testimonio:

«El año de la muerte del rey Uzías, vi al Señor excelso y sublime, sentado en un trono; las orlas de su manto llenaban el templo. Por encima de él había serafines, cada uno de los cuales tenía seis alas: con dos de ellas se cubrían el rostro, con dos se cubrían los pies, y con dos volaban.

Y se decían el uno al otro:
"Santo, santo, santo es el SEÑOR Todopoderoso;
toda la tierra está llena de su gloria."
Al sonido de sus voces, se estremecieron los umbrales de las puertas y el templo se llenó de humo. Entonces grité: "¡Ay de mí, que estoy perdido! Soy un hombre de labios impuros y vivo en medio de un pueblo de labios blasfemos, ¡y no obstante mis ojos han visto al Rey, al SEÑOR Todopoderoso!"
En ese momento voló hacia mí uno de los serafines. Traía en la mano una brasa que, con unas tenazas, había tomado del altar. Con ella me tocó los labios y me dijo:
"Mira, esto ha tocado tus labios;
tu maldad ha sido borrada,
y tu pecado, perdonado."
Entonces oí la voz del Señor que decía:
—¿A quién enviaré? ¿Quién irá por nosotros?
Y respondí:
—Aquí estoy. ¡Envíame a mí!»
(Isaías 6.1-8)

No es en el capítulo primero de su libro que Isaías ve a Dios excelso y sublime. Es ahora. A pesar de que ya era profeta, y de que ya había estado hablando en nombre de Dios, es ahora, en este capítulo, que Isaías entra a una nueva dimensión en su conocimiento de Dios y de su plan para él.

En su clásico libro titulado «La santidad de Dios», R. C. Sproul destaca que la palabra «SEÑOR» aparece en mayúsculas en este pasaje porque allí no dice *Adonai*, que significa soberano, como dice en otros capítulos, sino que allí se usa el nombre con el que Dios se reveló a Moisés. El nombre en el original hebreo no tenía vocales y no podía ser pronunciado. Es lo que los biblistas llaman tetragrama (cuatro letras): YHVH. Es el nombre más excelso, al que en recientes siglos, para que pudiera pronunciarse, le agregaron el EOA de Jehová o el AE de Yahveh. Y es que la santificación aumenta cuando nos disponemos a darle a Dios la mayor reverencia. Cuando dejamos las distracciones de lado y nos dejamos cautivar por su deidad.

Según la tradición judía, YHVH es la tercera persona del imperfecto singular del verbo ser, significando por lo tanto «él es».

Dios es.

Es Dios.

E Isaías al fin se deja seducir por esta idea: YHVH quiere encontrarse conmigo y quiere usarme.

> **LA SANTIFICACIÓN AUMENTA CUANDO NOS DISPONEMOS A DARLE A DIOS LA MAYOR REVERENCIA**

Su prioridad deja de ser lo que hace para Dios y dice en su nombre. Ahora la prioridad es directamente Dios.

Luego Isaías describe que encima del trono hay serafines que, además de volar, se cubren el rostro y los pies. Los serafines son, para la angelología cristiana, símbolos de pureza. Ellos están siempre alrededor del trono, y sin embargo se cubren. Son puros, pero no lo suficiente como para mirar la gloria de Dios. Ese regalo necesita más que pureza: necesita gracia. Y eso es lo que viene a suceder luego de que cumplan su función. Primero cantan:

«Santo, santo, santo es el Señor Todopoderoso; toda la tierra está llena de su gloria.»

Según este canto, Dios no solo es «santo». Ni siquiera «santo, santo». ¡Es tres veces santo! Esto, para los hebreos, equivale a lo que nuestros oídos modernos entienden cuando empleamos la palabra «infinito». Dios es infinitamente santo. Su santidad no tiene sombra, límite ni frontera. Por eso al escuchar la declaración de los serafines hasta los elementos inanimados del cuadro tiemblan. Y tiembla Isaías. Él se reconoce indigno. Revisando su propia conducta sabe que no es santo, y entonces grita:

«¡Ay de mí, que estoy perdido! Soy un hombre de labios impuros y vivo en medio de un pueblo de labios blasfemos...»

Por vicios del lenguaje, en español actual ese «¡Ay de mí!» puede sonar anticuado o trivial, pero en el hebreo original esa expresión es descarnada y poderosa. Ese «¡Ay de mí!» es exactamente lo contrario de «Bienaventurado», y la traducción literal sería «¡Maldito yo!».

Isaías sabe que a pesar de ser un profeta respetado, alguien que goza de un buen testimonio y que por muchos podría ser calificado como «bueno»; en contraste con la santidad de Dios, él merecería la muerte. Pero, ¿qué ocurre luego? El milagro de la gracia. Uno de los serafines vuela hacia él para tocar sus labios con brasas del altar y declararle:

«tu maldad ha sido borrada, y tu pecado, perdonado.»

¡Wow! ¿Te imaginas?

NOSTALGIA DE FUTURO

¿Quisiste alguna vez detener el tiempo y congelar un instante?

Algo así debe haberle ocurrido a Isaías en el momento en que escuchó al serafín declararlo santo. Sin embargo, luego habló Dios, y dejó bien claro que esa santificación tenía una segunda dimensión. Hay una misión que cumplir, e Isaías escucha al Señor preguntar:

«—*¿A quién enviaré? ¿Quién irá por nosotros?*»

Si es que ya sabemos lo que respondió Isaías, podríamos tener el impulso de pensar que es muy fácil responder con un «yo Señor» a esa misión sin preguntas. Sobre todo si el Señor lo pide… Pero responder a esta pregunta como lo hizo Isaías demanda un abandono completo a lo que sea que haya estado haciendo y creyendo hasta hoy. Es a Dios a quien vamos a decirle que sí.

Una noche, justito antes de irnos a dormir, mi hijita Sophia rompió en llanto. Entre sollozos nos dijo que no quería crecer. Ella era feliz siendo una niña. Le gustaban sus muñecas y su vida, y no quería que nada cambiara. Al principio traté de convencerla de que pronto vendrían cosas mejores… Pero al avanzar en la conversación me di cuenta de cuán profundos eran sus sentimientos, y de cuán similares eran a los míos. Yo también quería congelar el tiempo para que ella no creciera. «*¡Amo tanto a esta niña que me da miedo perderla!*», pensaba mientras la escuchaba. Y, sin poder evitarlo, comencé también a llorar. De hecho, se me acaban de humedecer los ojos de tan solo escribirlo. El amor que tengo por mi hija está tan vivo y es tan real que sus sentimientos son también los míos. Y si mi amor por ella es así, detente a meditar en cuán grande debe ser el amor de Dios por ti y por mí.

Sublime.

Sin embargo, había algo en los sentimientos de Sophia que como padre yo debía redirigir. Lo que me hijita estaba confesando, y yo también estaba encontrando en mi interior, era temor al futuro. Un temor que, más allá de la ternura de los sentimientos, nos puede paralizar y esclavizar, condenándonos a vivir siempre en nuestro presente, cediendo a las presiones del sistema y no respondiendo a la invitación de Dios...

«—¿A quién enviaré? ¿Quién irá por nosotros?»

Eso es lo que el mal quiere. Que vivamos solo en el «ya», sin una ambición apasionada, irresponsable y violenta por un futuro mejor. Sin respirar intencionalmente y sin levantar la cabeza. Sin confiar en la declaración del serafín. Siendo todos iguales, buenos, «promedio», con tal de pasar el ahora y ser aprobados por nuestro contexto. Con oraciones pequeñas. Temores de niños que no quieren crecer. Con esfuerzos tibios y pocos intentos.

Lo que me muero por transmitirte es que los santos tienen nostalgia por lo que todavía no sucedió porque confían en que Dios aún tiene algo nuevo por hacer.

Isaías se deslumbró descubriendo que Dios siempre tiene alguna sorpresa nueva para dar, y de que el mundo todavía no había visto lo que YHVH podía y quería hacer con él.
Lo que Dios puede y quiere hacer contigo.

DIFERENTE O NO
La elección es entre ser uno más o sobresalir, porque no puedes hacer ambas cosas. Es una o la otra. Un si es un no y no es un sí. O defiendes el statu quo, o lo agredes.

Así lo entendieron Guy Laliberté y Daniel Gauthier cuando fundaron el Cirque Du Soleil, el espectáculo circense que cambió para siempre la definición de circo. Después de siglos durante los cuales el circo era tan solo una sucesión de parodias cortas con animales y algunos actos acrobáticos, estos artistas callejeros canadienses decidieron que lo que ellos querían hacer era diferente. Querían hacer un circo sin animales, usar toda la tecnología disponible, cambiar la estética de los trajes y darle un lugar especial a la musicalización del espectáculo. Pero claro, los «opinólogos» de siempre les dijeron

O DEFIENDES EL STATU QUO, O LO AGREDES

que no podía funcionar. Era imposible hacer un circo sin animales. Sin embargo, Laliberté y Gauthier persiguieron su sueño y años después el Cirque Du Soleil se ha convertido en una empresa millonaria con docenas de shows por todo el mundo.

Lo que sucede es que pareciera que a Dios no le gustan los mapas. Él no suele darnos el plan detallado de todo el camino que debemos recorrer. Él quiere que lo sigamos. Que confiemos en él y estemos cerquita suyo. Que respondamos a su diseño y expresemos nuestro arte.

Henry Nouwen escribió: «La grandeza espiritual no tiene nada que ver con ser más grande que otros; pero tiene todo que ver con llegar a ser todo lo grande que puedas ser».

Abraham, Moisés, Esther y Pedro tuvieron que dejar su comodidad para llegar a ser el «yo» que debían ser. Sus historias no serían las mismas si no hubieran hecho algo diferente, respondiendo a un llamado sin mapa con igual obediencia.

Las ideas no son lo que hace a un genio, sino sus acciones. Las ideas dan inicio a todo, pero si solo se quedan en ideas y nunca llegan a ser hechos, es probable que mueran en la mente del «genio no genio» que no supo cómo llevar esas ideas a la realidad. Todos necesitamos inspiración, y por eso escribí estas páginas. Pero la decisión de ser diferente sigue siendo tuya.

ARREPENTIMIENTO, MUERTE Y RESURRECCIÓN

Cuando un fuego se esparce, todos corremos para alejarnos de él, o bien hacia él. De la misma manera, cuando hay fuego en una vida, una empresa o incluso una iglesia, no hace falta hacer demasiado esfuerzo de marketing. La gente hablará. La voz correrá. El producto se venderá y el reconocimiento llegará. Pero el fuego debe ser real. La santidad no puede ser fingida.

Yo sé que no puedo capturar la esencia dentro de una botella de palabras, para luego destaparla y que puedas oler la fragancia de esas ideas. Hay muchos olores que conoces y sin embargo no podrías ponerles nombre, y lo mismo ocurre con esta verdad: La santidad requiere arrepentimiento.

Cuando dejamos a Dios actuar en nuestras vidas, él las cambia, y el punto de partida de ese cambio es comprender que es su diseño, su llamado, sus ideas y sus verdades las dignas de confianza, y que no son mis méritos los que pueden definir con certeza quien soy.

En el libro de Números hay una escena en la que Moisés se encuentra con el sacerdote Eleazar y tienen esta conversación:

«*El sacerdote Eleazar les dijo a los soldados que habían ido a la guerra: "Esto es lo que manda la ley que el Señor le entregó a Moisés: Oro, plata, bronce, hierro, estaño, plomo y todo lo que resista el fuego, deberá ser pasado por el fuego para purificarse, pero también deberá limpiarse con las aguas de la purificación. Todo lo que no resista el fuego deberá pasar por las aguas de la purificación."*» (Números 31.21-23)

El fuego y el agua eran usados para la purificación de las armas. El fuego calcinaba y el agua, aunque más gentil, limpiaba. En un sentido poético pero también práctico, todos necesitamos el fuego de las pruebas y el agua de los consejos para ser continuamente cambiados y purificados. Tu vida es tu arma, y necesita estar siempre lista para que Dios la use.

La santidad genuina es la que nos provoca a arrepentirnos por amor y confianza, y no por culpa y temor. Surge cuando nos arrepentimos de seguir las reglas de la fábrica de este mundo y aceptamos confiar plenamente en nuestro hacedor. No cambiamos unas reglas por otras, aunque al confiar en Dios seguimos otros parámetros. Pero no es cumplir con otras reglas lo que nos hace santos, sino esa convicción de que no podemos confiar en nadie más que en el que es eternamente digno de confianza.

> **CUANDO CAE EL SANTO, CONFÍA EN JESÚS**

Proverbios 10.9 dice:

> *«Quien se conduce con integridad, anda seguro;*
> *quien anda en malos pasos será descubierto.»*

Y Proverbios 11.3 agrega:

> *«A los justos los guía su integridad;*
> *a los falsos los destruye su hipocresía.»*

Es la integridad del corazón y no solo de la conducta la que define la santidad. La salvación ocurre, no solo por arrepentimiento de los pecados en plural, sino del pecado en singular como condición del corazón.

Cuando cae el carnal, confía en el secreto. Cuando cae el santo, confía en Jesús, y por eso se puede levantar, volver a empezar y cumplir su misión.

En el año 1958, Harold Sherman, escritor de gran cantidad de novelas y cuentos de fantasía, escribió un libro titulado *«Cómo convertir el fracaso en éxito»*, que lleva décadas siendo uno de los libros

más influyentes en la literatura de negocios y emprendimientos, donde recomienda establecer las siguientes leyes personales:
1. Nunca me daré por vencido mientras sepa que tengo razón.

2. Creeré que todas las cosas obrarán a mi favor si resisto hasta el final.

3. Tendré ánimo y no desmayaré frente a las probabilidades.

4. No permitiré que nadie me intimide ni me separe de mis metas.

5. Lucharé para vencer todos los impedimentos físicos y las contrariedades.

6. Intentaré una y otra vez, y todavía una vez más, lograr lo que quiero lograr.

7. Obtendré fe y fortaleza al saber que todos los hombres y mujeres con éxito lucharon contra la derrota y la adversidad.

8. Nunca me rendiré ante el desaliento o la desesperación, sin importar con qué obstáculos aparentes me enfrente.

Por más inaceptable que el evangelio suene para algunos, llegará el día que se comprobará IMPARABLE para todos. Tarde o temprano la humanidad entera descubrirá que el plan de Dios era el mejor para la vida, y que valía la pena perseverar y permanecer firmes protegiendo nuestras vidas del pecado que nos asedia y luchando contra las fuerzas culturales de la fábrica que nos empuja a conformarnos con ser uno más del montón.

Cuando Jesús enseñó acerca de cómo disfrutar una vida plena, emocionante y llena de significado nos regaló una metáfora que habla de una persona que edifico su casa sobre la arena y otra persona que edificó su casa sobre la roca (Mateo 7.24-27). En esta metáfora Jesús habla de la llegada de una tormenta, y de cómo la casa de quien edificó en la arena es arrasada por ella, mientras que la casa edificada sobre la roca se mantiene firme. La enseñanza es obvia. El hombre que edifica su casa sobre la arena simboliza a la persona que rechaza las enseñanzas de vida de Jesús, y, en cambio, el hombre que edifica sobre la roca es la persona que afirma sus decisiones en las enseñanzas de Cristo.

Pero hay un detalle que curiosamente suele pasarnos desapercibido al leer esta parábola, y es que el mismísimo Jesús está anticipando la llegada de tormentas. Siempre hay tormentas en la vida, ¿cierto? Jesús no las niega. Nunca lo hizo. Lo que sí hace es prometernos que es posible permanecer firmes y seguros en ellas. Y eso es lo que logra la santidad.

> **A LA SANTIDAD SOLO SE LLEGA A TRAVÉS DE LA MUERTE, PORQUE SU OBJETIVO ES LA RESURRECCIÓN**

Lo que muchos no han entendido aún es que a la santidad completa y real solo se llega a través de la muerte, porque su objetivo es la resurrección.

Detente sobre esa idea unos instantes.

Es por esta razón que al llegar al final del libro tenemos que responder algunas preguntas con sinceridad:

- ¿Me arrepiento de intentar tan seguido vivir una vida cristiana según mis propios parámetros y no los de Dios?

- ¿Me arrepiento de dejarme seducir por la definición de éxito de la fábrica de este mundo?

- ¿Me arrepiento de no profundizar lo suficiente en mi vida

espiritual como para descubrir el diseño y la misión para los que Dios me creó?

- ¿Me arrepiento de dejarme vencer por el temor y no arriesgarme a hacer lo que sé que Dios me ha llamado a hacer?

Una vez más, Dios nos habla por medio del profeta Isaías:

«Vengan, pongamos las cosas en claro —dice el Señor—. ¿Son sus pecados como escarlata? ¡Quedarán blancos como la nieve! ¿Son rojos como la púrpura? ¡Quedarán como la lana!» (Isaías 1.18)

El soberano del universo insiste en obrar ese maravilloso milagro de hacernos una nueva criatura en Cristo, y para convertirnos en nuevas criaturas debemos morir a nuestra pasada forma de vivir.

Aquellos que buscan un cristianismo «seguro», que les cueste poco, tienen dificultad en aceptar la muerte y el nuevo nacimiento. La verdadera vida cristiana no es segura, te cuesta la vida. A Dios le costó su único y amado Hijo. Él dio todo, y a nosotros el seguirlo, nos cuesta todo también.

INSTANTES QUE DEJAN DE SER SORPRESA

¿Alguna vez tuviste uno de esos instantes en los que sabes que estás haciendo algo especial o siendo alguien especial? Yo sé que no se supone que un adulto diga esto en voz alta, pero me refiero a uno de esos momentos en los que te sorprendes pensando: *«Wow, ¡sí que lo estoy haciendo bien!»*. Algunos deportistas llaman a esos instantes «estar en la zona» o «estar encendidos». Los artistas de hip hop que improvisan lo llaman «tener el flow». Me refiero a esos minutos durante un partido de básquet en los que hay un jugador que lanza triples desde donde sea y todos los tiros entran. O a ese partido único e irrepetible, en el que a determinado futbolista le salen todas las jugadas y hace más goles de los que nunca se lo vio hacer. En mi caso, como conferencista, me refiero a esos momentos en los que la separación entre lo que pienso claramente y lo que sale de mi boca es tan milimétrica que las ideas y las palabras fluyen juntas al punto en que me gustaría detenerme para tomar notas de lo que yo mismo estoy diciendo. ¿Viviste alguna vez un instante así?

Estos instantes suelen ser cortos, y sorprendernos incluso a nosotros porque no sabemos exactamente cómo es que llegamos ahí, ni por qué en tantas otras ocasiones no llegamos ni cerca. ¿Será que no sabemos?

LA BELLEZA Y LA EXCELENCIA SE ENCUENTRAN EN LOS PEQUEÑOS DETALLES

Estos instantes son importantes porque nos permiten pintar un cuadro de esperanza respecto a nuestro futuro, y conocer nuestro verdadero potencial. Ahora, déjame hacerte estas preguntas:

¿Cómo sería tu futuro si esos instantes se repitieran más seguido, o si fueran más prolongados?

¿Cómo serían tu mundo y tus relaciones si esos instantes fueran la norma y no la sorpresa?

¿Estás dispuesto a pagar el precio necesario para que eso ocurra?

Es importante notar que estos instantes solo se dan en situaciones en las que estamos expuestos y compitiendo por ser ese «yo» que en el fondo *sabemos* que podemos ser. Y por eso al ir terminado nuestra conversación en este libro, es vital llegar a entender que la santidad es un resultado, pero también es una estrategia. Es una consecuencia, pero también un compromiso. Piénsalo. ¿Cuáles fueron las condiciones para que se diera ese instante? ¿Qué fue lo que te llevó a ese «punto caramelo»? Al mover los músculos de mi memoria y pensar en mis instantes especiales, debo confesarte que descubrí algo llamativo. Para mi sorpresa, noté que una de las condiciones que se repetía en cada caso era que estaba descansado. Por ser inquieto, suelo hacer tantas cosas que muchas veces llego a situaciones importantes encontrándome muy cansado y sin haberme dado el tiempo necesario para prepararme bien. ¿Puedo dar lo mejor de mí sin dormir?

Los artesanos saben que la belleza y la excelencia se encuentran en los pequeños detalles. La vida es un espacio creativo. Yo no escribí este libro porque tenga todas las repuestas acerca de cómo repetir esos instantes, ni porque piense haber terminado de entender todo el maravilloso misterio de la santidad. Gabriel García Márquez dice en su libro «*Vivir para contarla*» que «*el escritor escribe su libro para explicarse a sí mismo lo que no se puede explicar*». Estas páginas son mi frágil intento por compartir mis propios descubrimientos y mi propio viaje para multiplicar esos instantes y prolongarlos.

LA EMOCIONANTE AVENTURA DE LA SANTIDAD

Tal vez hayas oído el conmovedor relato de la vida del misionero escocés John Gibson Paton. Cuenta la historia que él fue, junto con su esposa, a dar la vida por la evangelización de las islas del pacifico sur, las cuales por aquel entonces estaban habitadas por tribus practicantes del canibalismo. Dejar tu tierra y los recursos de la civilización para ir a compartir de Jesús en selvas y desiertos ya es un testimonio increíble de audacia. Pero ir a un lugar donde un grupo de desconocidos querrán comerte a ti y a tu esposa es literalmente una de esas locuras que solo una santidad salvaje puede explicar.

Su esposa Mary y su recién nacido Peter murieron allí de fiebre por no contar con atención medica mientras estaban rodeados por esas tribus y no podían pedir ayuda. John Gibson Paton fue atacado varias veces, y salvado milagrosamente en distintas oportunidades, logrando escapar de nativos que pretendían hacerse un festín con él. Pero cada vez que escapaba volvía con más ímpetu a compartir la misión que él sabía que su Creador le había encomendado.

Luego de un viaje a Australia para reclutar ayudantes con el fin de edificar un orfanato para los niños de las islas, se dice que en el barco que lo transportaba tuvo lugar una conversación que golpeó mis sentidos desde la primera vez que la leí. Cuando ya estaban por llegar a su destino, y tratando de disuadirlo de que no se quedara allí, el capitán del barco les preguntó a John Gibson Paton y a los otros misioneros que había reclutado por qué insistían en ir a esas islas donde tarde o temprano iban a perder sus vidas. John Gibson Paton respondió: «*Nosotros ya morimos mucho antes de zarpar*».

Quien ya está muerto no puede morir. Es por eso que el apóstol Pablo nos escribe, desde lo profundo de su corazón:

«Ya que han resucitado con Cristo, busquen las cosas de arriba, donde está Cristo sentado a la derecha de Dios... pues ustedes han muerto y su vida está escondida con Cristo en Dios. Cuando Cristo, que es la vida de ustedes, se manifieste, entonces también ustedes serán manifestados con él en gloria.

Por tanto, hagan morir todo lo que es propio de la naturaleza terrenal: inmoralidad sexual, impureza, bajas pasiones, malos deseos y avaricia, la cual es idolatría. Por estas cosas viene el castigo de Dios. Ustedes las practicaron en otro tiempo, cuando vivían en ellas. Pero ahora abandonen también todo esto: enojo, ira, malicia, calumnia y lenguaje obsceno. Dejen de mentirse unos a otros, ahora que se han quitado el ropaje de la vieja naturaleza con sus vicios, y se han puesto el de la nueva naturaleza, que se va renovando en conocimiento a imagen de su Creador. En esta nueva naturaleza no hay griego ni judío, circunciso ni incircunciso, culto ni inculto, esclavo ni libre, sino que Cristo es todo y está en todos.

Por lo tanto, como escogidos de Dios, santos y amados, revístanse de afecto entrañable y de bondad, humildad, amabilidad y paciencia, de modo que se toleren unos a otros y se perdonen si alguno tiene queja contra otro. Así como el Señor los perdonó, perdonen también ustedes. Por encima de todo, vístanse de amor, que es el vínculo perfecto.

Que gobierne en sus corazones la paz de Cristo, a la cual fueron llamados en un solo cuerpo. Y sean agradecidos. Que habite en ustedes la palabra de Cristo con toda su riqueza: instrúyanse y aconséjense unos a otros con toda sabiduría; canten salmos, himnos y canciones espirituales a Dios, con gratitud de corazón.
Y todo lo que hagan, de palabra o de obra, háganlo en el nombre del Señor Jesús, dando gracias a Dios el Padre por medio de él.»
(Colosenses 3.1-17)

Llegó la hora. Es el instante de recuperar nuestra conciencia precomercial, es decir, volver a escuchar ese anhelo profundo de nuestro corazón que teníamos de niños antes de ser educados por la fábrica. Llegó el momento de alzarnos en rebeldía y furia contra cualquier inercia y esclavitud que quiera detenernos de disfrutar una vida saturada del gozo de vivir en santidad. El cielo y el futuro se abren ante nuestros ojos y podemos responder como Isaías:

«—AQUÍ ESTOY. ¡ENVÍAME A MÍ!»

1 Corintios 9.24-25
Colosenses 3.1-4
Gálatas 5.16

REFERENCIAS BIBLIOGRÁFICAS

Me apasiona leer. Lo que descubro, pienso y soy tiene mucho que ver con este hábito y este libro también ha sido afectado por tantos autores que me han influenciado a mí.

Sus trabajos son parte de las pinturas que usé para crear este cuadro tan personal. Espero haber mezclado y usado bien sus colores para que esta obra inspire a muchos.

1.¿Buenos?

Robert J. Clinton. Focused Lives. Barnabas Publishers. Altadena, CA. 1995
Lee Strobel. Trece Escandalosas Afirmaciones de Dios. Editorial Vida. Miami, FL. 2006
Seth Godin. Purple Cow. Portfolio. New York, NY. 2003
Mark Labberton. Called. Inter Varsity Press. Downers Grove, IL. 2014
Dallas Willard. El Espíritu de las Disciplinas: ¿Cómo transforma Dios la vida? Editorial Vida. Miami, FL. 2010

2. La santidad de acción

Tony Campolo. Following Jesus without Embarrassing God. Word Publishing. Dallas, TX. 1997
Mark Batterson. Wild Goose chase. Multnomah Books. Colorado Springs, CO. 2008
Wilbert R. Shenk. Write The Vision. Trinity Press International. Harrisburg, PA. 1995
Gary A. Haugen. Just Courage. Inter Varsity Press. Downers Grove, IL. 2008
Janet Sacks, Catherine Bradley Jo Bourne. E- Enciclopedia (Google Enciclopedia). Editorial Cordillera. México, DF . 2003
Time magazine. Briefing. October 17. 2011
Everett F. Harrison. Comentario Biblico Moody. Editorial Portavoz. Grand Rapids, MI. 1965
Rowan Williams. Religion is the Source of all Rights. Think magazine. Issue 6. July 2013

3. Sin fe no existiría el arte

Time Magazine. Nelson Mandela, Protester, Prisioner, Peacemaker. December 19. 2013
Ideas that changed the World. DK publishing. New York, NY. 2010
Charles Lee. De las Ideas a la Acción. Editorial Vida. Miami, FL. 2014
Jim Collins & Morten T. Hansen. Great by Choice. Harper Business. New York, NY. 2011
La Guía del Prado. Museo nacional Del Prado. Madrid, España. 2014
C. R. Snyder. Psychology of Hope. Free Press. New York, NY. 2010

4. Tres reglas que los santos rompen

Heidi Grant Halvorson. 9 Things Successful do Differently. Harvad Business Review Press. Boston, MA. 2012

The Atlantic. How Genius Happens. August, 2014.
John P. Kotter. Change Faster. Harvard Business Review. Edicion 11. 2012
Walt P.Kallestad. Wake Up Your Dreams. Zondervan. Grand Rapids, MI. 1996
C. S. Lewis. Las Crónicas de Narnia. Rayo. New York, NY. 2014

5. Una bendición llamada duda
Michael Yaconelli. La Maravillosa Aventura de la Fe. Editorial Vida. Miami, FL. 2012
Zig Ziglar. El Camino de Dios aun es el Mejor. Editorial Vida. Miami, FL. 2010
Dallas Wilard. La Gran Omisión. Editorial Vida. Miami, FL. 2008
Dario Clarin. Todos contra Garcia Marquez. Buenos Aires. 11 de Abril, 1997
John Stott. Creer es También Pensar. Editorial Certeza. Buenos Aires, Argentina. 2005

6. La gran construcción
John N. Oswalt. Llamados a ser santos. Evangel Publishing House. Nappanee, IN. 2007
John Ortberg. The me I want to be. Zondervan, Grand Rapids, 2010.
Alan Loy McGinnis. ¡Sea alguien! Editorial Mundo Hispano. El Paso, TX. 1988
Marshall Goldsmith. What got you here, wont get you there. Hyperion. New York, NY. 2007

7. Lectio divina
Phillip Yancey. La Oración. Editorial Vida. Miami, FL. 2007
Wilton M. Nelson. Nuevo Diccionario Ilustrado de la Biblia Editorial Caribe. Miami, FL. 1998
Maggie Robbins & Duffy Robbins. Enjoy The Silence. Zondervan. Grand Rapids, MI. 2005
Richard J. Foster. Editorial Betania. Nashville, TN. 1986
Atiencia, Escobar y Stott. Así leo la Biblia. Certeza Unida. Buenos Aires. 1999
Mathew Henry. Comentario Bíblico Mathew Henry (Traducido y adaptado por Francisco La Cueva). Editorial Clie. Barcelona, España. 1999

8. La administración sagaz de las tentaciones
The Atlantic. How genius happens. August, 2014.
Kyle Idleman. Dioses en Guerra. Editorial Vida. Miami, FL. 2014
John C. Bowling. ReVision: 13 Strategies to Renew Your Work, Your Organization & Your Life Beacon Hill Press. Kansas City, MO. 2013
John P. Kotter. Change Faster. Harvard Business Review, Edicion 11. 2012
Molly Crocket. The Science of Morality. BBC world service discovery. London. May 20, 2012.

9. Sexo espiritual
Dumas, P. Courthial, J. Camafort,J. Grau, U. Beer, A. Derham. Sexo y Biblia. Ediciones Evangelicas Europeas. Barcelona, España. 1973
John White. Hacia la sanidad sexual. Editorial Certeza. Buenos Aires, Argentina. 2000

Rob Bell. Sexo Dios. Editorial Vida. Miami, FL. 2008
F. J. Pop. Palabras bíblicas y sus significados. Editorial Escaton. Buenos Aires, Argentina. 1972
Dario Silva Silva. Sexo en la Biblia. Editorial Vida. Miami, FL. 2003
Mathew Henry. Comentario Bíblico Mathew Henry (Traducido y adaptado por Francisco La Cueva). Editorial Clie. Barcelona, España. 1999

10. Las heridas y la adoración

Richard J. Foster. Alabanza a la disciplina. Editorial Betania. Nashville, TN. 1986
Rick Warren. El Poder de Transformar su Vida. Editorial Vida. Miami, FL. 2000
Wayne Cordeiro con Francis Chan y Larry Osborne. Zarandeados. Editorial Vida. Miami, FL. 2014
Ernest Hemingway. The Complete Short Stories of Ernest Hemingway. Scribner Paper Fiction. New York, NY. 1998
Ruddy Gracia. Vence la adversidad. Editorial Vida. Miami, FL. 2013
Aiden Wilson Tozer. El conocimiento del Dios santo. Editorial Vida. Miami, FL. 1996

11. Bella locura

Mark Batterson. Primitivo. Editorial Vida. Miami, FL. 2013
Erwin Raphael McManus. The Artisan Soul. Harper Collins Publisher. New York, NY. 2014
Tony Campolo. El Reino de Dios es una fiesta. Editorial Betania. Nashville, TN. 1994
Hermano Lawrence. La Práctica de la Presencia de Dios. Peniel. Buenos Aires, Argentina. 2007
Michael Yaconelli. La Maravillosa Aventura de la Fe. Editorial Vida. Miami, FL. 2012

12. Otra vez Isaías

John Piper. Los deleites de Dios. Editorial Vida. Miami, FL. 2006
R. C. Sproul. The Holiness of God. Tyndale House Publishers. Carol Steams, IL. 1985
Aiden Wilson Tozer. El conocimiento del Dios santo. Editorial Vida. Miami, FL. 1996
Harold Sherman. How to turn Failure into Success. Prentice-Hall. New Jersey, NJ. 1958
Charles F. Pfeiffer. Comentario Bíblico Moody: Antiguo Testamento. Editorial Portavoz. Grand Rapids, MI. 1993
Gabriel Garcia Marquez. Vivir para contarla. Vintage Español. Madrid, España. 2003
James Paton. John G. Paton: Missionary to the New Hebrides. Christian Focus. London, United Kingdom. 2009
Lyn Heward & John U. Bacon. Cirque Du Soleil. The Spark: Igniting the Creative Fire That Lives Within Us All. Random House. New York, NY.
Henri J. M. Nouwen. Life of the Beloved: Spiritual Living in a Secular World. The crossroad publishing company. Danvers, MA. 2002

Nos agradaría recibir noticias suyas.
Por favor, envíe sus comentarios
sobre este libro a la dirección
que aparece a continuación.
Muchas gracias.

vida@zondervan.com
www.editorialvida.com

Printed in the USA
CPSIA information can be obtained
at www.ICGtesting.com
LVHW020859210724
785408LV00007B/46

9 780829 766059